Heiligheid is geen optie!
Apart gezet voor God - een prachtig geheim!

Copyright © DPM Nederland, 2013
Heiligheid is geen optie! *Apart gezet voor God - een prachtig geheim*
Oorspronkelijke titel: Set apart for God, 2011
Copyright © Derek Prince Ministries International

Vertaling: Elke Versluis
Bewerking: Ivar van der Sterre, DPM Nederland
Vormgeving: Rebekka Fokkema,
First Concept Communications Partners Ltd. Stanley, UK

Over het algemeen is gebruik gemaakt van de Bijbel in de
Herziene Statenvertaling, © Stichting HSV, tenzij anders aangegeven.

ISBN: 9789075185782

Contactadres:
      DPM Nederland
      Postbus 326
      7100 VB Winterswijk
      e-mail: info@dpmnederland.nl
      website: www.derekprince.nl

HEILIG HEID

IS GEEN OPTIE!

APART GEZET VOOR GOD -
EEN PRACHTIG GEHEIM

DEREK PRINCE

INHOUD

VOORWOORD
HEILIGHEID IS GEEN OPTIE...

De titel van dit boek moet eventjes nader worden uitgelegd... Het is de titel die Derek Prince oorspronkelijk gaf aan de studie-serie waar dit boek op is gebaseerd. Er ligt iets spannends in die titel: Heiligheid is geen optie, want... is het een onbereikbaar ideaal? Of is heiligheid misschien juist een achterhaald en onbelangrijk begrip geworden in een tijdperk van grote genade?

Niets van dat alles! Met de frase *Heiligheid is geen optie*, bedoelde Derek dat heiligheid niet 'een vrij te kiezen optie' is; het is geen mooi, leuk extraatje waar je wel of niet voor kunt kiezen als je een discipel van Jezus wordt. Voor iemand die zijn leven heeft overgegeven aan God, is er geen andere keuze meer dan een heilig leven.

Tegelijkertijd is heiligheid ook een prachtig geheim, dat vele aspecten heeft en dat typerend is voor Gods karakter (vandaar de onderkop die is toegevoegd) en daardoor voor jouw en mijn karakter. In Jezus *zijn* we immers al heiligen, maar God blijft ook voortdurend bezig ons te *heiligen*. Heiligheid is voor velen daardoor een verwarrend, beladen onderwerp. Het is vaak misbruikt, maar minstens zo vaak verwaarloosd. Daarom weten we bijna zeker dat je bemoedigd zult worden door Dereks positieve, uitdagende kijk op Gods heiligheid, en het effect ervan in ons leven.

Nu we het daarover hebben, toen het boek uitkwam in de Verenigde Staten, kocht ene R.S. een exemplaar van het boek, worstelde het door (eerlijk is eerlijk, het is stevige, diepgaande studie) en werd er naar eigen zeggen totaal door veranderd! Vervolgens kocht hij exemplaren voor zijn volwassen kinderen, waar allerlei problemen speelden en disfunctie in hun gezinnen. Ook *hun* leven ging ondersteboven! Nu, ruim een jaar later, heeft R.S. meer dan 30.000 dollar geïnvesteerd waarvan ruim 4.300 exemplaren zijn verpreid, want het begrijpen van Gods heiligheid en de stimulans die daarvan uitgaat in ons leven, is van vitaal belang voor alle mensen, zo redeneerde hij!

Om je nieuwsgierig te maken en om je een vliegende start te geven, volgen hier alvast enkele statements die Derek Prince in dit boek doet over heiligheid:

- Heiligheid gaat niet over het naleven van regels
- Heiligheid is een uitdrukking van onze relatie met de Heer
- Heiligheid is een status die we in Christus al hebben, maar ook een opdracht die God zelf in ons leven uitvoert
- Heiligheid betekent 'apart gezet zijn voor God', voor een speciale taak

Deze statements geven je vast een kleine vooruitblik, om je aan te moedigen diep in dit boek te duiken, terwijl je jouw eigen doel om apart gezet te zijn voor God najaagt. Ontdek het prachtige geheim van Gods heiligheid, Zijn unieke, weergaloze karakter dat onder leiding van Zijn Geest en door de waarheid van Zijn Woord in jou gestalte krijgt. Derek deed deze verbazingwekkende uitspraak: „Het (heiligheid) is niet het gewoon maar volgen van een stel negatieve regels (Gij zult niet...etc.) Het is een positieve, sterke kracht. Ik geloof zelfs dat heiligheid de meest sterke kracht is die aan het werk is in het universum."

heiligheid is een positieve, sterke kracht - volgens mij de sterkste in het universum

We hopen dat je door en tijdens het lezen van dit boek die levensveranderende sterke kracht van Gods heiligheid zult gaan ervaren in je leven.

We hopen dat je dit boek niet weglegt voordat je dit prachtige geheim voor jezelf hebt ontdekt. Mag God de woorden van Derek gebruiken om je te helpen beseffen dat je door Hem op een unieke, geweldige manier apart gezet bent, met een opdracht voor deze uitdagende tijd. Mag God je inspireren om de wereld om je heen te beïnvloeden als een hedendaagse volgeling van de Heilige zelf, onze Heer Jezus Christus.

Ivar van der Sterre
Team DPM Nederland

INLEIDING

Heiligheid is één van de grote en unieke thema's in de Bijbel. Geen ander boek ter wereld openbaart het wezen van heiligheid zoals de Bijbel dat doet. Toch wordt dit onderwerp al geruime tijd door vele gelovigen genegeerd, waardoor er in verhouding weinig onderwijs over gegeven is.

Jagen naar heiligheid

Op een gegeven moment was ik een serie predikingen aan het voorbereiden met de titel: 'Jagen naar heiligheid', gebaseerd op Hebreeën 12:14: *Jaag de vrede na met allen, en de heiliging, zonder welke niemand de Heere zal zien.* Tijdens mijn voorbereidingen keek ik terug op de jaren die achter me lagen. Op dat moment was ik al meer dan vijftig jaar prediker, en had in ruim negenenveertig verschillende landen gepredikt, tot mensen uit allerlei verschillende denominaties en van vele etnische achtergronden, al met al een zeer gevarieerd publiek. Helaas kon ik me niet herinneren ooit bij een groep mensen te zijn geweest die duidelijk werkelijk heiliging najaagde, waar de Hebreeënschrijver ons hier toe oproept.

Misschien liet mijn herinnering me in de steek. Of misschien beoordeelde ik de mensen verkeerd. Maar ik kon me echt niet herinneren ooit in een gemeenschap of groep mensen te zijn geweest waarvan ik met zekerheid kon zeggen dat zij heiligheid najaagde.

Heiligheid is uit ons christelijke woordgebruik verdwenen.

Mijn indruk is dat rond de periode van de Eerste Wereldoorlog, dus sinds de eerste decennia van de twintigste eeuw, sommige onderwerpen uit het denken van Westerse christenen verdwenen zijn, en nooit meer teruggekomen. Eén van die onderwerpen is heiligheid. Het woord *heiligheid* lijkt wel uit het christelijke vocabulaire verdwenen te zijn (samen met woorden als 'offer', 'verbond' en 'zelfverloochening'). Het negeren hiervan is altijd rampzalig voor het volk van God, want zoals we zullen zien, is heiligheid essentieel voor wie God is en voor wie wij dienen te worden. *Maar zoals Hij die u geroepen heeft, heilig is, word zo ook zelf heilig in heel uw levenswandel, want er staat geschreven: Wees heilig, want Ik ben heilig* (1 Petrus 1:15-16).

In mijn onderzoek kwam ik een aantal groepen en denominaties tegen binnen het internationale Lichaam van Christus, die het woord 'heiligheid' hebben verwerkt in hun naam. Vervolgens heb ik echter gezien dat in zulke groepen het begrip heiligheid gepresenteerd wordt als een lijst met regels, terwijl er weinig Bijbels fundament is voor deze regels.

God is heilig, maar niet omdat Hij zich aan een lijst van regels houdt. Het volgen van een lijst regels zal ook jou niet heilig maken, zelfs niet als het goede regels zijn. Je kunt ervoor kiezen om die regels te houden. Maar, ik zeg het nogmaals, dat maakt je niet heilig. Mijn persoonlijke conclusie is dat heiligheid vrijwel niets te maken heeft met het volgen van regels en reglementen. Het heeft te maken met het *deel uitmaken van de goddelijke natuur* van Christus, door in relatie te komen met de God die van ons houdt, ontdekkend waar Hij ons voor geroepen heeft, en die roeping te vervullen. Ik vertrouw erop dat deze waarheid je duidelijk zal worden tijdens het lezen van dit boek.

HOOFDSTUK 1

WAT IS HEILIGHEID?

Voor ik ga behandelen wat heiligheid is, vertel ik eerst wat het niet is. Begrijpen wat heiligheid *niet* is, is heel belangrijk om te weten te komen wat het *wel* is. Zoals we in de inleiding zagen, denken massa's christenen dat heiligheid bestaat uit het naleven van allerlei wetten en regels, hoe je je moet kleden, wat je mag eten en waar je wel of niet naartoe mag. In grote delen van de Westerse wereld heeft dit beeld van heiligheid onder christenen postgevat. De apostel Paulus zei echter nadrukkelijk dat onderwerping aan regels niets te maken heeft met heiligheid. Kijk maar in Kolossenzen 2: *Als u met Christus dood bent voor de machten van de wereld, waarom laat u zich dan geboden opleggen alsof u nog in de wereld leeft? 21 'Raak dit niet aan, proef dat niet, blijf daarvan af' – het zijn menselijke voorschriften en principes over zaken die door het gebruik vergaan. Dat moet allemaal voor wijsheid doorgaan, maar het is zelfbedachte godsdienst, zelfvernedering en verachting van het lichaam; het heeft geen enkele waarde en dient alleen maar tot eigen bevrediging.* (Kolossenzen 2:20-23)

Paulus verwoordt hier een diepe en belangrijke waarheid. Hoe meer je je richt op dingen die je niet moet doen, hoe meer deze dingen juist macht over je krijgen. Ze hebben geen enkele waarde in de strijd tegen het vlees. Je zegt tegen jezelf: „Ik mag mijn zelfbeheersing niet verliezen, ik mag mijn zelfbeheersing niet verliezen, ik mag mijn zelfbeheersing niet verliezen..." En wat gebeurt er? Je verliest je zelfbeheersing. Waarom? Omdat je je richt op het verkeerde.

Eerlijk gezegd denk ik dat het presenteren van een geloofsstroming die heiligheid schetst als het houden van een serie regels, mensen uiteindelijk juist zal afstoten. Het lijkt misschien even interessant, maar uiteindelijk zeggen ze: „Als dat heiligheid is, dan wil ik er niets mee te maken hebben."

Ik zal aantonen dat een lijst met verboden dingen niet de heiligheid is die de Bijbel beschrijft.

Allereerst kijken we naar Hebreeën 12:10. Dit gaat over hoe God de Vader Zijn kinderen opvoedt:

Want zij (onze menselijke vaders) *hebben ons wel voor een korte tijd naar het hun goeddacht bestraft* (oftewel: 'zoals zij dachten dat het goed was', red.), *maar Hij* (God) *doet dat tot ons nut, opdat wij deel krijgen aan Zijn heiligheid.*

Het moge duidelijk zijn, regels zijn niet de definitie van Bijbelse of Goddelijke heiligheid. Opnieuw, God is heilig, maar niet vanwege een serie regels die Hij vaststelt om Zijn eigen gedrag aan af te meten. De discipline waar hierboven over gesproken wordt, heeft te maken met het deelhebben aan Gods natuur - door onze relatie met Hem als onze Vader.

Heiligheid is het unieke ongeëvenaarde aspect van Gods karakter

Door de jaren heen hebben predikers en theologen veel verschillende interpretaties en definities van heiligheid gegeven. Ik begin maar meteen met mijn eenvoudige definitie: heiligheid is het unieke aspect van Gods wezen, zonder zijn gelijke, waar dan ook in het universum.

In de Bijbel vinden we veel verschillende aspecten van Gods wezen. Er wordt ons verteld dat God wijs is. Ook is Hij alwetend, rechtvaardig, krachtig, alomtegenwoordig. En Hij is liefde. Hierin zien we dus een aantal van Gods karaktereigenschappen: wijsheid, kennis, rechtvaardigheid, kracht en liefde. In de wereld om ons heen zien we hier voorbeelden van. We kennen mensen die we heel wijs achten. Anderen die duidelijk veel kennis hebben. We zien aspecten van rechtvaardigheid en we herkennen het concept van kracht. En alle mensen zijn in zekere mate bekend met liefde.

We kunnen echter niet hetzelfde zeggen met betrekking tot heiligheid. Er is niets op menselijk gebied, buiten God en het volk van God om, dat aanspraak kan maken op de titel 'heilig'. De heiligheid van God is uniek.

Om heiligheid te kunnen begrijpen, is het dus belangrijk om God te kennen. Iemand die God niet kent, heeft geen idee van wat heiligheid is. Dit is een goede manier om onderscheid te kunnen maken tussen mensen die God kennen, en mensen die Hem niet kennen. Je kunt hen niet onderscheiden door de naam van hun denominatie. Ook kun je hen niet altijd onderscheiden aan wat ze zeggen, omdat sommige mensen zowat 'professionele religieuzen' zijn, die alle correcte geestelijke taal weten te hanteren. Maar als je iemand tegenkomt die heiligheid begrijpt, dan heb je iemand gevonden die God kent, want zonder God is er geen heiligheid.

> **buiten God om kan niets en niemand aanspraak maken op de term 'heilig'**

Het hele dertigste hoofdstuk van Spreuken is een nogal vreemde profetie van een man met de naam Agur. We weten niets van Agur, behalve wat in dit hoofdstuk over hem verteld wordt. Maar in de volgende verzen zegt Agur over zichzelf:

hoewel ik een rund ben en geen mens, en ik geen mensenverstand heb, en ik geen wijsheid heb geleerd, zodat ik kennis van heilige zaken (NKJV: 'de Heilige') *zou kennen.* (Spreuken 30:2-3, NB)

Kennis van de heilige zaken – dit is gelijk aan het kennen van de Heilige, God zelf - is essentieel om heiligheid te kennen. Hoe goed opgeleid en ontwikkeld iemand ook is, zonder de kennis van de Heilige is hij in zekere zin gelijk aan een dier, 'als een rund'. Het is de openbaring van Gods heiligheid die iemand uit tilt boven het niveau van de dieren.

Heiligheid is de essentie van wie God is

Heiligheid is de essentie van wie God is, en ook wat *alleen* God is. Er is niemand anders heilig dan God. *U alleen bent heilig* (Openbaring 15:4). Bovendien is *alles* aan God heilig. In de paragrafen die volgen zal ik je een overzicht geven van Gods karaktereigenschappen. Volgens mij zijn er zeven algemene kenmerken. Dat aantal doet me vermoeden dat ik op de goede weg zit, want zeven is in de Bijbel het getal van volmaaktheid. Ik geloof dat heiligheid de opsomming is van al Gods kenmerken.

Zeven kenmerken van God

1. Licht
2. Liefde

We beginnen met de eerste twee kenmerken, licht en liefde. God is licht. In 1 Johannes 1:5 zegt Johannes:

En dit is de boodschap die wij van Hem gehoord hebben en aan u verkondigen, dat God licht is en dat in Hem in het geheel geen duisternis is.

Het is niet slechts zo dat God het licht gemaakt heeft, of licht voortbrengt. Hij is *zelf* licht. Verderop in dezelfde brief zien we het volgende kenmerk van God:

Wie niet liefheeft, kent God niet, want God is liefde... En wij hebben de liefde die God tot ons heeft, gekend en geloofd. God is liefde en wie in de liefde blijft, blijft in God, en God in hem. (1 Joh. 4:8,16)

God is zowel licht als liefde. De definitie die John Wesley gaf van heiligheid was: volmaakte liefde. Dat is een prachtige gedachte, hoewel ik niet denk dat het afdoende is als definitie van heiligheid. God is zowel licht als liefde.

We erkennen ook dat er als het ware een zekere spanning is tussen licht en liefde. Als middel om al je onbekwaamheden en fouten te laten zien, kan licht je afschrikken, terwijl liefde je juist aantrekt. Deze zelfde spanning zien we in onze relatie met God. We willen dicht bij Hem zijn, maar we voelen ons niet altijd in staat om het licht van Zijn waarheid onder ogen te zien.

3. Gerechtigheid/oordeel

God is ook een God van gerechtigheid en oordeel. Deze met elkaar verbonden eigenschappen behoren beslist tot Zijn karakter. In het lied van Mozes in Deuteronomium 32 benadrukt Mozes de gerechtigheid van God:

Want ik zal de Naam van de HEERE uitroepen; geef grootheid aan onze God! Hij is de rots, Wiens werk volmaakt is, want al Zijn wegen zijn een en al recht. God is waarheid en geen onrecht; rechtvaardig en waarachtig is Hij. (Deuteronomium 32:3-4)

Veel mensen beschuldigen God vaak van onrechtvaardigheid in hun eigen situatie of omstandigheden. Maar de Bijbel zegt dat er geen onrechtvaardigheid is in God. Hij is volkomen rechtvaardig. Hij is een God van waarheid en gerechtigheid. Ik refereer vaak aan de woorden van Abraham in Genesis 18, toen hij de Heer smeekte voor Sodom:

Er kan toch geen sprake van zijn dat U zoiets doet, dat U de rechtvaardige samen met de goddeloze doodt? Dan zal het zijn: zo de rechtvaardige, zo de goddeloze. Daar kan bij U toch geen sprake van zijn! Zou de Rechter van de hele aarde geen recht doen? (Genesis 18:25)

Dat is wie God is. Hij is de Rechter van de hele aarde, en Hij doet altijd wat goed is. Er is bij Hem geen onrechtvaardigheid, geen ongerechtigheid. Soms komen we in de verleiding om te geloven dat God onrechtvaardig is, maar de Bijbel benadrukt dat dat niet klopt.

4. Boosheid/toorn

Het volgende kenmerk van God wordt gerepresenteerd door twee zelfstandige naamwoorden die aan elkaar verbonden zijn: boosheid en toorn. Het huidige christendom geeft vrijwel geen ruimte aan deze eigenschappen van God, maar toch zijn ze erg belangrijk. God is een God van boosheid en toorn. Het eerste hoofdstuk van het boek Nahum geeft van deze waarheid op een opmerkelijke manier weer. Het begint vrij plotseling, met maar heel weinig beleefde introductie:

De HEER is een wrekende God, hij duldt niemand naast zich. De HEER is een woedende wreker, de HEER wreekt zich op zijn tegenstanders, hij richt Zijn toorn op Zijn vijanden (Nahum 1:2).

Daar staat het. De Heer is boos, Hij is woedend, en Hij wreekt zichzelf. Dit maakt deel uit van zijn heilige, eeuwige karakter. Om eerlijk te zijn, als we dit gedeelte weglaten, dan laten we geen waarachtig beeld van God zien. In deze tijd is de algemene houding: „Nou, als God iemand of iets moet oordelen, dan moet Hij toch in ieder geval eerst onze toestemming krijgen om dat te doen." Maar dat is niet de waarheid. Mensen die zo denken zullen op enig moment ruw worden wakker geschud.

boosheid en toorn maken deel uit van Jezus' heilige, eeuwige karakter

In een gedeelte uit Openbaring 14 vinden we vergelijkbare informatie die Gods oordeel over de Antichrist of het beest beschrijft, en over degenen die hem volgen:

En een derde engel volgde hen, die met een luide stem zei: Als iemand het beest en zijn beeld aanbidt, en het merkteken op zijn voorhoofd of op zijn hand ontvangt, dan zal hij ook drinken van de wijn van de toorn van God, die onvermengd is ingeschonken in de drinkbeker van Zijn toorn, en gepijnigd worden in vuur en zwavel voor het oog van de heilige engelen en van het Lam. En de rook van hun pijniging stijgt op tot in alle eeuwigheid, en zij die het beest en zijn beeld aanbidden, hebben dag en nacht geen rust, evenmin als iemand die het merkteken van zijn naam ontvangt (Openbaring 14:9-11).

Merk op dat deze overtreders gepijnigd zullen worden in de aanwezigheid van het Lam. Dit beeld past totaal niet bij de huidige, veel gehoorde idee van een zachtmoedige, lieflijke Jezus. Maar de boosheid en de toorn die in bovenstaand gedeelte beschreven zijn, maken wel degelijk deel uit van Jezus' heilige, eeuwige karakter. Hij is een Rechter.

In dit verband denk ik aan de apostel Johannes. Tijdens het Laatste maal ging hij tegen de borst van Jezus liggen en vroeg Hem wie het was die Hem zou gaan verraden (zie Johannes 13:21-25). Johannes kwam bij die gelegenheid heel dicht bij Jezus. Maar in Openbaring 1, waar Johannes een visioen had van Jezus als de Rechter, viel hij als dood voor zijn voeten neer (vers 17). Er zijn veel verschillende kanten aan het karakter en de persoonlijkheid van God en van Jezus. Oordeel en toorn maken deel uit van Zijn eeuwige karakter. En wat meer is, het oordeel dat Hij uitspreekt, is eeuwig: *En de rook van hun pijniging stijgt op tot in alle eeuwigheid* (Openbaring 20:10).

Er is momenteel een theorie in omloop dat God te genadig is om een eeuwige straf op iemand te leggen. Volgens die foutieve gedachtegang zullen ook mensen die niet verzoend worden met Hem, uiteindelijk niet gestraft worden. Dat is eenvoudigweg niet Bijbels. Het is onwaar. Ook is het een gevaarlijke gedachtegang. Ik zou die gedachte nooit aanmoedigen, vooral vanwege wat geschreven is aan het einde van het boek Openbaring. Dit gedeelte staat dicht bij het einde van het laatste hoofdstuk van het boek, net voor de twee laatste verzen. De Heer zegt daar:

Want ik getuig aan ieder die de woorden van de profetie van dit boek hoort: Als iemand iets aan deze dingen toevoegt, zal God hem de plagen toevoegen die in dit boek geschreven zijn. En als iemand afdoet van de woorden van het boek van deze profetie, zal God zijn deel afdoen van het boek des levens, en van de heilige stad, van de dingen die in dit boek geschreven zijn (Openbaring 22:18-19).

Als er iets duidelijk beschreven wordt in het boek Openbaring, dan is het dat eeuwig oordeel realiteit is. Het zij verre van mij om deze waarheid in twijfel te trekken. Ik zou niet willen dat mijn naam wordt weggestreept uit het boek des levens.

Dit is iets heel belangrijks in deze tijd. De filosofie van het humanisme is zo zelfingenomen en gaat zo uit van de eigen gerechtigheid. Ze is in feite heel oppervlakkig en slordig, en geeft geen accuraat beeld van de werkelijkheid. Lange tijd dacht ik over het humanisme als een redelijk onschuldige vergissing. Toen ik echter een woordenboek raadpleegde, was ik geschokt door de definitie ervan:

De ontkenning van enige kracht of morele superioriteit over de mens; de afwijzing van religie ten behoeve van het geloof in de vooruitgang van de mensheid door zijn eigen inzet.

Toen realiseerde ik me dat het humanisme geestelijk beslist niet neutraal is en zeker niet onschuldig. Integendeel, het is een opzettelijke ontkenning en afwijzing van Gods kracht en autoriteit. Het is een antireligieuze filosofie. Daarom kan het ook onderwezen worden in onderwijssystemen zoals dat van de VS, waar het onderwijzen van religie in zijn gewone betekenis verboden is.

> **Gods verbondhoudende trouw is één van Gods meest geweldige kenmerken**

In feite is het zo dat de lichtzinnigheid en slordigheid van humanistische gedachten ons op het punt gebracht hebben dat in onze samenleving de crimineel vriendelijker behandeld wordt dan het slachtoffer van criminaliteit. Waarom? We willen niet oordelend zijn. Waarom willen we niet oordelend zijn? Ik geef u mijn mening: Stiekem weten we in onze harten dat er ook een oordeel is voor ons, als er een oordeel is voor die andere persoon. Omdat ik geen oordeel over hem wil vellen (want ook niet over mijzelf), stel ik mijn beeld van God bij. God doet echter niet mee aan dat spelletje.

5. Barmhartigheid/goedertierenheid

Een ander geweldig kenmerk van God wordt getoond door de verwante woorden barmhartigheid en goedertierenheid. Het Hebreeuwse woord *chesed* wordt soms op verschillende manieren vertaald, bijvoorbeeld als goedertierenheid, maar ook als standvastige of grote liefde. Bij mijn persoonlijke studie van het woord *chesed* ben ik tot de conclusie gekomen dat het eigenlijk betekent: de verbondstrouw van God. Gods trouw aan Zijn verbond is één van Zijn meest geweldige kenmerken.

Psalm 51 is een gebed van David. Het werd zoals je misschien weet uitgesproken op een moment van diepe wanhoop, nadat zijn zonde van overspel met Batseba en de moord op haar man Uria was ontdekt. We mogen God ervoor danken dat David wist tot wie hij moest bidden en op welke basis: dit helpt ons namelijk om zelf Gods goedertierenheid te begrijpen. Dit is Davids gebed van berouw:

Wees mij genadig, o God, overeenkomstig Uw goedertierenheid, delg mijn overtreding uit overeenkomstig Uw grote barmhartigheid. (Psalm 51:3)

'Overeenkomstig Uw goedertierenheid' betekent dus 'overeenkomstig uw verbondstrouw'. David zei tegen de Heer: „U hebt uzelf toegewijd om mij te vergeven, als ik voldoe aan de voorwaarden. Op die basis doe ik een beroep op U." Het is heel belangrijk om de Heer op die basis te benaderen.

Hetzelfde principe vinden we in verschillende andere psalmen, zoals in het eerste vers van Psalm 106:

Halleluja! Loof de HEERE, want Hij is goed, want Zijn goedertierenheid (chesed) *is voor eeuwig.* (Psalm 106:1)

In Psalm 107 komt de bovenstaande uitspraak van dankzegging voor Gods genade opnieuw voor: *Loof de HEERE, want Hij is goed, want Zijn goedertierenheid* (chesed) *is voor eeuwig* (Psalm 107:1). Het woord *chesed* komt ook voor in de hiernavolgende, herhaalde proclamatie die vier keer voorkomt in deze psalm:

Laten zij de HEERE loven om Zijn goedertierenheid (chesed) *en om Zijn wonderen voor de mensenkinderen.* (Psalm 107: 8, 15, 21, 31)

En we komen het woord *chesed* opnieuw tegen in het laatste vers van Psalm 107:

Wie is wijs? Laat hij op deze dingen letten, en de goedertierenheid (chesed) *van de HEERE aandachtig opnemen.* (Psalm 107:43)

We zien dus dat Gods barmhartigheid en goedertierenheid een aspect zijn van Zijn eeuwige karakter.

6. Genade

God is ook een God van genade. De schrijver van de Hebreeënbrief zegt:

Laten we dus zonder schroom naderen tot de troon van de Genadige, waar we telkens als we hulp nodig hebben barmhartigheid en genade vinden. (Hebreeën 4:16)

Dit vers vertelt ons dat we barmhartigheid nodig hebben, en vervolgens hebben we genade nodig. Laten we een moment nemen om wat de Bijbel over genade zegt tot ons te laten doordringen. Om te beginnen kan genade niet verdiend worden, het is een gave van God. Als je het zou kunnen verdienen, dan zou het geen genade zijn. Dus 'religieuze' mensen hebben hier een probleem, want zij geloven ten diepste dat ze alles moeten verdienen. Als gevolg daarvan zijn ze geneigd om de genade van God af te wijzen. Paulus zegt: „Als het uit werken komt, is het niet uit genade. Dus, als het uit genade komt, kan het niet uit werken komen." (Zie Romeinen 4: 4-5)

Je kunt barmhartigheid niet verdienen, en je kunt genade niet verdienen. Als de schrijver van Hebreeën zegt: „*Laten we dus zonder schroom naderen tot de troon van de Genadige, waar we telkens als we hulp nodig hebben barmhartigheid en genade vinden"*, dan is dat de erkenning dat we barmhartigheid nodig hebben voor het verleden en genade voor de toekomst. Waarom? Omdat het alleen door Gods genade is dat we het soort mensen kunnen worden en het soort leven kunnen leiden, dat Hij van ons vraagt.

7. Kracht

De laatste in deze opsomming van zeven kenmerken van God is kracht. De hele Bijbel staat vol met gedeelten die de kracht van God laten zien. Laten we kijken naar een voorbeeld uit Psalm 93:

De HEERE regeert, Hij is met majesteit bekleed, de HEERE is bekleed en heeft Zichzelf omgord met macht. Ja, vast staat de wereld, hij zal niet wankelen; vast staat Uw troon, van oudsher, U bent van eeuwigheid. De rivieren verheffen, HEERE, de rivieren verheffen hun stem, de rivieren verheffen hun gebruis. De HEERE in de hoogte is machtiger dan het bruisen van machtige wateren, de machtige golven van de zee. (Psalm 93:1-4)

Laten we ter afsluiting van dit hoofdstuk nog eens kijken naar de zeven kenmerken van Gods eeuwige karakter:

1. Licht
2. Liefde
3. Gerechtigheid / Oordeel
4. Boosheid / Toorn
5. Barmhartigheid / Goedertierenheid (verbondstrouw)
6. Genade
7. Kracht

Ik geloof, zonder een spoortje van twijfel, dat de heiligheid van God al deze kenmerken omvat.

HOOFDSTUK 2

'HEILIG, HEILIG, HEILIG'

De hele Bijbel benadrukt van begin tot eind de heiligheid van God. Vele woorden zijn hiervan afgeleid: heilig, de heiligen, heiliging, etc. In het oorspronkelijke Grieks is er een directe verbinding tussen deze woorden en die komt ook in de meeste Nederlandse vertalingen tot uitdrukking. Het Griekse basiswoord dat gewoonlijk vertaald wordt met 'heilig' is *hagios* en alle andere verbonden woorden zijn hiervan afgeleid. In tegenstelling tot wat bepaalde kerkelijke denominaties verstaan onder 'de heiligen' (personen die door de een of andere menselijke autoriteit uitgeroepen zijn tot 'heilige') worden wij die geloven in Jezus Christus allemaal beschouwd als heiligen. Daarnaast is er echter ook een doorgaand proces van heiliging, waarin wij 'heilig worden gemaakt'. Veel christenen raken geïntimideerd door het woord 'heiliging'. Dat klinkt zo theologisch, ingewikkeld en onplezierig, dat ze dit begrip maar liever vermijden. Maar het woord 'heilig' draagt een schoonheid in zich, die juist aantrekt. Het is die bijzondere schoonheid, die ik samen met je wil gaan ontdekken in dit boek.

Hoog en verheven

In de volgende twee hoofdstukken zullen we kijken naar een aantal sleutelpassages in de Bijbel die gaan over de heiligheid van God. We beginnen met het beeld van Gods heiligheid zoals we dat vinden in Jesaja 6. Dat gedeelte beschrijft een visioen dat de profeet Jesaja kreeg, van de Heer op Zijn troon in Zijn glorie. Zoals ik het boek Jesaja begrijp, was de profeet al een godvrezend man, ver boven het niveau van de mensen van zijn tijd, voordat hij dit wonderbare visioen ontving. Maar evengoed had dit visioen, zoals je zult zien, een enorme impact op hem. We beginnen met de eerste twee verzen:

In het jaar dat koning Uzzia stierf, zag ik de Heere zitten op een hoge en verheven troon, en de zomen van Zijn gewaad vulden de tempel. Serafs stonden boven Hem. Ieder had zes vleugels: met twee bedekte ieder zijn gezicht, met twee bedekte hij zijn voeten, en met twee vloog hij. (Jesaja 6:1-2)

Laten we een moment kijken naar het belang van de serafs, de wezens die Jesaja zag. Ik wil even opmerken dat we ze ook tegenkomen in een parallelgedeelte, in het vierde hoofdstuk van het boek Openbaring. Seraf (het enkelvoud van 'serafim') betekent in het Hebreeuws 'dat wat brandt'. Het zijn 'zij die in brand staan'. De seraf heeft zes vleugels: met vier bedekt hij zijn gezicht en zijn voeten (dit is het beeld van aanbidding en devotie), en met twee vliegt hij (dit staat voor dienen oftewel 'doen'). Merk alsjeblieft op dat in dit vers de nadruk allereerst ligt op aanbidding, en daarna pas op dienen. Mijns inziens is dit ook de juiste volgorde en de juiste verhouding in *ons* leven. Aanbidding komt vóór het dienen en omdat als het goed is al onze dienstbaarheid voortkomt uit aanbidding, zal er in verhouding meer aanbidding in ons leven zijn dan dienstbaarheid... Helaas is er in veel kerken vandaag een enorme hoeveelheid activiteiten (met meestal maar weinig effectieve dienstbaarheid), en daar tegenover weinig of geen waardering voor aanbidding.

Het drievoudige 'heilig'
Laten we verder gaan in Jesaja 6:

De een riep tot de ander: Heilig, heilig, heilig is de HEERE van de legermachten; heel de aarde is vol van Zijn heerlijkheid! De deurpinnen in de drempels schudden door de stem van hem die riep, en het huis vulde zich met rook. (Jesaja 6:3-4)

Vanuit dit gedeelte zien we dat de gehele hemel voortdurend herinnerd wordt aan de heiligheid van God. Deze herinnering aan Zijn heiligheid wordt tot in eeuwigheid doorgegeven. De impact van de heiligheid van de almachtige God is zo intens, dat zelfs de hemelse tempel schudt en trilt.

Terwijl Jesaja in de hemel was opgenomen, had hij dit visioen van aanbidding in Gods tegenwoordigheid, en daar zag hij deze serafs, deze brandende, vurige wezens. Wat hij hoorde gaf hij zo weer: *De een riep tot de ander: Heilig, heilig, heilig is de HEERE van de legermachten.*

Jesaja 6:3 is één van slechts twee Bijbelgedeelten waar het bijvoeglijk naamwoord heilig drie maal wordt toegepast op God. Ditzelfde idee lezen we in het boek Openbaring, dat verhaalt hoe Johannes op eenzelfde manier werd opgenomen in de hemel. Hij hoorde ook de roep van de serafs. Ze worden in het gedeelte in Openbaring geen serafs genoemd, maar het zijn dezelfde wezens. In Openbaring worden ze 'levende wezens' genoemd.

Elk van de vier wezens had zes vleugels, met overal ogen langs de randen en aan de binnenkant. Dag en nacht herhalen ze: 'Heilig, heilig, heilig is God, de Heer, de Almachtige, die was, die is en die komt.' Telkens als deze wezens lof, eer en dank brengen aan degene die op de troon zit en die tot in eeuwigheid leeft, werpen de vierentwintig oudsten zich neer voor Hem die op de troon zit, en aanbidden Hem die leeft tot in eeuwigheid, en leggen hun kransen voor Zijn troon met de woorden: 'U komt alle lof, eer en macht toe, Heer, onze God, want u hebt alles geschapen: uw wil is de oorsprong van alles wat er is'. (Openbaring 4:8-11 NBV)

de uitroep van driemaal het woord 'heilig' houdt volgens mij verband met Gods drie-enige wezen

Heilig is het enige woord dat driemaal na elkaar gebruikt wordt om God te beschrijven, zowel in het Oude als in het Nieuwe Testament. In het Oude Testament roepen de serafs: 'Heilig, heilig, heilig is de Heer van de legerscharen'(Jesaja 6:3). In het Nieuwe Testament roepen de levende wezens: 'Heilig, heilig, heilig, Heer God almachtig' (Openbaring 4:8).

Ik geloof dat de drievoudige herhaling belangrijk is, want dit correspondeert met de drie-eenheid van God. Het benadrukt dat de Vader heilig is, dat de Zoon heilig is en dat de Geest heilig is. Niemand anders is heilig - heiligheid is een unieke beschrijving van God. Daarom kunnen we, zoals we eerder zagen, heiligheid alleen begrijpen en er alleen deel van uitmaken voor zover we in relatie staan met God zelf. Heilig is een omschrijving van Zijn hele wezen. Als we zien dat de Bijbel het woord heilig drie maal gebruikt om God te beschrijven, dan beseffen we dat heilig echt het woord is dat Hem beschrijft. Voor zover we weten is het woord nooit toegepast zonder een verwijzing naar Hem. Verder gaand met onze studie, zullen we zien dat heiligheid niet vrijblijvend is. Zoals de Bijbel ons vertelt: *de heiliging, zonder welke niemand de Heere zal zien* (Hebreeën 12:14).

'Een man met onreine lippen'

Laten we nu kijken naar Jesaja's reactie op de heiligheid van de Heer:

Wee mij, want ik verga! Ik ben immers een man met onreine lippen en woon te midden van een volk met onreine lippen. Mijn ogen hebben namelijk de Koning, de HEERE van de legermachten, gezien. (Jesaja 6:5)

Zoals ik eerder al zei, was Jesaja naar menselijke maatstaven een zeer godvrezende man. Maar deze openbaring van Gods heiligheid maakte dat hij zichzelf plotseling zag in een heel ander licht. Hij besefte hoe ver hij af stond van de standaard van Gods heiligheid en de heiligheid van de hemel. Merk je ook op dat er één specifiek deel was van Jesaja waar hij zich het meest bewust werd van zijn tekortkoming? Welk deel? Zijn 'lippen' – oftewel zijn woorden. Jacobus 3:2 zegt: *Als iemand in woorden niet struikelt, is hij een volmaakt man, die bij machte is om ook het hele lichaam in toom te houden.* Jesaja werd geconfronteerd met het feit dat hij veel meer heiligheid nodig had dan hij tot op dat punt had ontvangen.

Dit is hoe God normaal gesproken ook omgaat met jou en mij. Eerst brengt Hij ons tot een besef van onze tekortkoming, en dan openbaart Hij zijn voorziening voor die tekortkoming. Terwijl we verdergaan met deze studie, zullen we zien dat dit proces ook geldt met betrekking tot heiligheid. Als wij onze tekortkoming erkennen, dan staat God klaar met zijn voorziening. Zodra Jesaja zijn tekortkoming erkende, kwam Gods voorziening tot hem:

Maar een van de serafs vloog naar mij toe, en hij had een gloeiende kool in zijn hand, die hij met een tang van het altaar had genomen. Daarmee raakte hij mijn mond aan en zei: Zie, deze heeft uw lippen aangeraakt. Zo is uw misdaad van u geweken en uw zonde verzoend. (Jesaja 6:6-7)

De zonde van Jesaja werd niet vergeven door zijn eigen werken. Het was niet het resultaat van zijn eigen inspanningen. Zijn zonde werd vergeven door de rechtstreekse tussenkomst van God. Die kool van het altaar is een symbool van de Heilige Geest. Het is door de tegenwoordigheid en de kracht van de Heilige Geest dat de mens heilig wordt gemaakt.

De roep tot dienstbaarheid

Het was pas nadat Jesaja zijn tekortkoming had erkend en Gods voorziening daarvoor ontvangen had, dat hij de roep tot dienstbaarheid hoorde. In Jesaja 6:8 zien we hoe de profeet reageerde op de roep van de Heer:

Daarna hoorde ik de stem van de Heere. Hij zei: Wie zal Ik zenden? Wie zal er voor Ons gaan? Toen zei ik: Zie, hier ben ik, zend mij. (Jesaja 6:8)

God maakt geen gebruik van vrijwilligers. (Dit is een realiteit waarvan ik geloof dat de meeste christenen die niet erkennen.) Daarmee bedoel ik dat het vrijblijvende, autonome karakter van vrijwillige dienstbaarheid mijns inziens niet past in Gods visie op onze dienst aan Hem. De waarheid van deze uitspraak zal ons in de hierna volgende hoofdstukken duidelijk worden. In ons verlangen om de Heer te dienen, moeten we eerst op het punt komen dat we beseffen dat we van onszelf volstrekt ineffectief en hulpeloos zijn. Zolang je denkt dat jij zelf de klus wel kunt klaren en dat God blij moet zijn dat jij voor Hem wilt werken, is er niet veel dat je kunt doen wat van enige blijvende waarde voor Hem is. Maar als je komt op het punt dat je beseft dat je totaal ongeschikt en onwaardig bent, niet in staat om het werk te doen, dan zal God Zijn hand uitstrekken en je leven aanraken.

Mijn roeping tot dienstbaarheid

Deze passage over Jesaja's belijdenis en zijn reactie op Gods roep tot

27

dienstbaarheid is mij heel dierbaar, omdat ik een vergelijkbare ervaring heb meegemaakt in mijn leven. De eerste keer dat ik naar een dienst van een Pinkstergemeente ging, samen met een medesoldaat in het Britse leger, was dat nogal een schok voor me. Ik had een achtergrond als universitair wetenschapper in de filosofie, en daarvoor in de Anglicaanse Kerk, en was nog nooit in zo'n soort dienst geweest. Ik had maar één brandende vraag: Weet deze spreker echt waar hij het over heeft?

verbaasd zag ik mijn eigen rechterarm omhoog gaan

De spreker van die avond had het over dit gedeelte uit Jesaja 6 en toen hij kwam bij vers 5 *(ik ben immers een man met onreine lippen en woon te midden van een volk met onreine lippen)*, was er iets in me dat tegen me zei: 'Niets heeft jou ooit beter beschreven dan dit.' Vanuit mijn ervaring in het Britse leger denk ik niet dat er ooit een andere groep mannen geweest is, die beter paste bij deze omschrijving: 'een volk met onreine lippen'.

Toen hij dit Bijbelgedeelte had gelezen, had hij direct mijn volle aandacht. Ik wist niet waar hij het over had, maar ik besefte dat hij het *wel* wist. Dat was de deur die naar mijn redding leidde.

De spreker was voorheen taxichauffeur geweest. Een heel ander soort iemand dus, dan waar ik aan gewend was om naar te luisteren op de Cambridge universiteit. Zijn toespraak bleef niet hangen bij deze tekst. Hij was één van die sprekers die heen en weer sprong van het Oude naar het Nieuwe Testament en weer terug. Eerlijk gezegd vond ik hem moeilijk te volgen.

Op zeker moment sprak hij over David de herdersjongen en zijn relatie met koning Saul, en voerde een denkbeeldige dialoog tussen die twee. Hij benadrukte heel terecht het feit dat koning Saul met kop en schouders uitstak boven de rest van het volk, door telkens als hij sprak als Saul, op een kleine bank te springen. Hij keek dan neer op de plaats waar hij had gestaan toen hij sprak als David. Ik volgde deze voorstelling met belangstelling, maar middenin een vurig betoog van koning Saul viel het bankje om, en hij viel met een harde plof op de grond. (Eerlijk, als je een betoog zou voorbereiden passend voor een leraar van Cambridge, dan zou je dat gedeelte eruit gelaten hebben…) Maar ondanks alles besefte ik dat hij heel goed wist waar hij het over had. En wat meer is, *ik* wist het niet.

Toen deze vreemde voorstelling was afgelopen, vroeg de spreker om de hoofden te buigen en de ogen te sluiten. Ik was nog nooit ergens geweest waar mensen hun hoofd bogen en waar gevraagd werd je hand op te steken als reactie op de toespraak. Er was geen achtergrondmuziek, niks. Alleen maar complete stilte.

Dus daar zat ik, in wat een zeer lange stilte leek, en ik hoorde twee stemmen, in ieder oor één. Eén stem zei: „Als jij je hand opsteekt, gekleed in je uniform, waar al deze oude dames bij zijn, dan sta je voor gek." De andere stem zei: „Als dit iets goeds is, waarom zou jij het dan niet ontvangen?"

Eerlijk gezegd voelde ik me als verlamd. Ik kon niet reageren. Toen gebeurde er een wonder. Een echt wonder. Ik zag mijn eigen rechterarm omhoog gaan, terwijl ik zeker wist dat ik hem zelf niet omhoog had gedaan. Op dat moment werd ik echt bang. Ik dacht: wat heb ik mezelf op de hals gehaald?

Hoe dan ook, op dit moment hadden de mensen in de dienst gewacht. Op het moment dat mijn arm omhoog ging, kwam iedereen weer in beweging. Ik ontving geen pastorale zorg van de voorganger, maar een heel vriendelijk ouder echtpaar die een pension hadden naast de kerk, nodigde mij en mijn medesoldaat uit voor een maaltijd. Voor soldaten die gewend waren aan een soldatenrantsoen was dat een verleidelijk aanbod. Terwijl we met hen naar huis liepen, vertelde deze kleine dame van een jaar of zestig me over haar leven. Ze vertelde hoe haar echtgenoot vrijstelling had gekregen van militaire dienst in de eerste wereldoorlog, omdat hij tbc had (een chronische ziekte, red.). Ik wist dat het een geldige diagnose geweest moest zijn omdat het hem een vrijstelling had opgeleverd. Toen zei ze tegen me: „Ik heb tien jaar

lang elke dag tot God gebeden dat Hij mijn echtgenoot zou genezen."
Ik dacht bij mezelf: Daar zou ik nou nooit opkomen, om tien jaar lang
iedere dag ergens voor te bidden. Ze ging verder: „Op zekere dag
was ik in de zitkamer aan het bidden. Mijn man zat in de slaapkamer
rechtop in bed en gaf bloed op. Ik hoorde een stem zeggen: 'Eis het op.'
En ik antwoordde: „Heer, ik eis het nu op." Op dat moment werd haar
echtgenoot volkomen genezen! Bij mezelf dacht ik direct: misschien is
dit waar ik naar op zoek ben.

De noodzaak van nederigheid

Dit was mijn eerste kennismaking met de Pinksterbeweging, en
hoe God dit gedeelte uit Jesaja 6 gebruikte om mij te roepen tot
dienstbaarheid aan Hem - hoe onvoorbereid en onbekend ik er ook
mee was.

Iedere man in de Bijbel die door God voor een speciale taak werd
geroepen en wiens leven ik heb bestudeerd, vond zichzelf aanvankelijk
ongeschikt voor die taak. Als je ooit iemand tegenkomt die zegt dat
hij geroepen is door God en dat hij volledig in staat is om die taak uit
te voeren, dan kun je er bijna zeker van zijn dat hij niet geroepen is
door God.

Hoe dan ook, Jesaja moest dus ootmoedig zijn. Hij moest nederig
gemaakt worden in de aanwezigheid van Gods heiligheid, voordat
hij geschikt was om de taak waarvoor God hem riep, uit te voeren.
Hetzelfde geldt voor jou.

HOOFDSTUK 3

HEILIGHEID DOOR DE BIJBEL HEEN

In dit hoofdstuk zullen we nauwkeuriger gaan kijken naar het hoofdstuk in Openbaring 4, dat parallel loopt met het gedeelte in Jesaja 6, samen met een aantal andere gedeelten over heiligheid. Wat houd ik van het boek Openbaring. Op zeker moment zei ik tegen mijn vrouw Ruth: "ik begrijp het boek Openbaring niet. Ik kan er gewoon niets uithalen. Laten we het nog eens heel goed doorlezen." Dus dat deden we. Naderhand zei ik: „Ik haal er nog steeds niet veel uit. Laten we het nog eens doorlezen." En dat deden we. De derde keer begon er zich iets te openen. Vanaf dat moment koos ik meestal voor Openbaring 4 of 5, als ik moest kiezen welk gedeelte ik graag wilde lezen, omdat dat gedeelte van de Bijbel de aanbidding in de hemel beschrijft. Zoals ik al eerder zei, wordt hier net als in Jesaja 6 het woord 'heilig' drie keer uitgesproken over de Heer.

Verheven tot 'Troon-niveau'

Openbaring 4 is een heerlijk, glorieus hoofdstuk, het sleutelwoord en centrale thema ervan is 'troon'. Laten we dit hele hoofdstuk bekijken en tellen hoe vaak het woord 'troon' wordt genoemd.

Hierna zag ik, en zie, er was een deur geopend in de hemel. En de eerste stem die ik als van een bazuin met mij had horen spreken, zei: Kom hier, omhoog, en Ik zal u laten zien wat hierna moet geschieden. En meteen raakte ik in geestvervoering. En zie, er stond een troon in de hemel, (het eerste wat hij zag, was de troon) *en op de troon zat Iemand.* (Openbaring 4:1-2)

Tot zover wordt het woord 'troon' twee maal genoemd.

En Hij Die daar zat, zag eruit als de stenen jaspis en sardius. En er was een regenboog rondom de troon, die eruit zag als een smaragd. En rondom de troon stonden vierentwintig tronen. En op de tronen zag ik de vierentwintig ouderlingen zitten, bekleed met witte kleren, en met gouden kronen op hun hoofd. En uit de troon kwamen bliksemstralen, donderslagen en stemmen. En er stonden zeven vurige fakkels te branden vóór de troon. Dit zijn de zeven Geesten van God. En vóór de troon was een glazen zee, als kristal. En in het midden van de troon en om de troon heen waren vier dieren, vol ogen van voren en van achteren. En het eerste dier leek op een leeuw, het tweede dier leek op een kalf, het derde dier had het gezicht als van een mens, en het vierde dier leek op een vliegende arend. En de vier dieren hadden elk voor zich zes vleugels rondom, en van binnen waren die vol ogen. Ze hadden geen rust en zeiden dag en nacht: Heilig, heilig, heilig is de Heere God, de Almachtige, Die was, Die is, en Die komt! En telkens wanneer de dieren heerlijkheid, eer en dank brachten aan Hem Die op de troon zat en Die leeft in alle eeuwigheid, wierpen de vierentwintig ouderlingen zich neer voor Hem Die op de troon zat, aanbaden Hem Die leeft in alle eeuwigheid, en wierpen hun kronen neer vóór de troon en zeiden: U bent het waard, Heere, te ontvangen de heerlijkheid, de eer en de kracht, want U hebt alle dingen geschapen, en door Uw wil bestaan zij en zijn zij geschapen. (vers 3-11)

Heb je het aantal keer dat het woord 'troon' voorkomt geteld? In dit ene hoofdstuk van slechts 11 verzen, wordt het woord 'troon' of 'tronen' veertien keer gebruikt! De Bijbel openbaart dat er vier rangordes zijn van de onzichtbare, geschapen wereld en Paulus geeft de volgende opsomming in Kolossenzen 1:16: *tronen, heerschappijen, overheden* en *machten.* Het hoogste niveau van de geschapen rangorde in het universum is het niveau van de troon.

In dit vierde hoofdstuk van Openbaring wordt de apostel Johannes opgetild naar het niveau van de troon. Deze gebeurtenis speelt zich dus af op het hoogste niveau van de schepping. Op dat niveau is er één voortdurend thema: 'heilig, heilig, heilig'. Zoals ik al eerder aangaf, spreekt deze drievoudige verklaring over de drie-enige God: Vader, Zoon en Geest. Heilig is de Vader, heilig is de Zoon en heilig is de Geest. De gehele hemel wordt voortdurend aan dit feit herinnerd. Het zou gepast zijn als wij hier op aarde ons meer bewust zouden zijn van ditzelfde feit, met name diegenen die deel uitmaken van het lichaam van Christus, de Gemeente.

We zullen nu een aantal aanvullende, in het oog springende feiten uit dit gedeelte bekijken.

1. Wat was het eerste voorwerp dat Johannes zag, toen hij in de Geest werd opgenomen? De troon. Daarna, toen zijn ogen zich hadden aangepast aan het beeld van de troon, kon hij de Persoon zien die op de troon zat. Johannes zag de troonzaal van God, de plaats van waaruit het universum wordt geregeerd.

2. Vuur. Johannes zag de levende wezens, vurige wezens, en hoorde hen roepen: „Heilig, heilig, heilig, Heer God almachtig". Er is iets aan heiligheid wat vurig is. Dat intrigeert mij enorm. Net voordat de vurige wezens worden genoemd, spreekt dit gedeelte bovendien over de zeven vurige fakkels (Openbaring 4:5), nog een beeld van de Heilige

God de Heilige Geest is een verterend vuur

Geest. Hebreeën 12:29 zegt: *Onze God is een verterend vuur.* Let wel, er staat niet dat God is *als* een verterend vuur. Hij *is* een verterend vuur. Het vuur in dit gedeelte van Openbaring is niet God de Vader, en ook niet God de Zoon. Het is God de Heilige Geest. Hij is een verterend vuur. Toen het vuur viel op het offer van Elia op de berg Karmel, vielen alle mensen plat op hun gezicht op de grond en riepen: *De HEERE is God* (1 Koningen 18:39). Ze vielen op hun gezicht omdat ze voor God zelf stonden, niet slechts een geestelijke manifestatie. Ze stonden voor de derde persoon van de Godheid, degene die een levende vlam van vuur is.

'Heerlijk in heiligheid'

In het vorige hoofdstuk bespraken we het thema 'heiligheid' in Jesaja 6:3. Nu zullen we kijken naar enkele aanvullende Bijbelgedeelten uit het Oude Testament, die spreken over Gods heiligheid. We zullen er kort en in volgorde doorheen lopen. De eerste vinden we in Exodus 15:11.

Wie is als U onder de goden, HEERE? Wie is als U, verheerlijkt in heiligheid, ontzagwekkend in lofzangen, U Die wonderen doet?

God is verheerlijkt in zijn heiligheid. Als we zijn heiligheid zien, dan wordt hij ontzagwekkend, en dit inspireert ons om Hem te prijzen en verheerlijken. En als we Hem prijzen, dan doet Hij wonderen. Wat een prachtige openbaring. Wanneer je Gods heiligheid op waarde schat, dan prijs je Hem zoals Hij geprezen moet worden. En wanneer je Hem prijst zoals Hij geprezen moet worden, dan beginnen wonderen te gebeuren. Dat is Gods volgorde.

'Hij is een heilig God'

We gaan verder naar het laatste hoofdstuk van het boek Jozua, waar Jozua Gods volk uitdaagt nadat ze hun erfdeel zijn binnengegaan, het beloofde land. De uitdaging die hij voor hen neerlegde, was in feite dit: Wie ga je dienen, nu je in ons land bent aangekomen? Jozua gaf hen deze keuze: „Kies deze dag zelf wie je wil dienen. Je kunt de goden dienen die jullie vaders gediend hebben aan de andere kant van de rivier de Eufraat in Mesopotamië. Of je kunt de goden van de Amorieten dienen, in wiens land je nu woont. Of, je kunt de ware en levende God dienen, de Heer." (Zie Jozua 24:15) Het volk zei toen dat ze de Heer zouden dienen.

Toen antwoordde het volk en zei: Er is geen sprake van dat wij de HEERE zouden verlaten om andere goden te dienen. (Jozua 24:16)

Daarna bezong het volk Gods grootheid, Zijn overwinningen en Zijn zegeningen. Op zijn beurt kwam Jozua met een tamelijk verrassend antwoord:

U zult de HEERE niet kunnen dienen, want Hij is een heilig God, Hij is een na-ijverig God. Hij zal uw overtreding en uw zonden niet vergeven. (Jozua 24:19)

Eerder zei ik al dat God niet op zoek is naar vrijwilligers. Dit is precies wat ik bedoelde met die uitspraak. Vele mensen in de hedendaagse Kerk zeggen: „Ik denk dat ik de Heer wil dienen. Ik vraag me af of God een taak voor me heeft." Zolang je de almachtige God blijft benaderen vanuit zo'n houding, zul je niet met Hem in contact komen. Helaas lijken veel christenen vandaag ergens heel onbewust te denken dat

God blij mag zijn dat Hij de beschikking kreeg over hun diensten, toen ze werden gered. God ziet dat heel anders.

Ik weet waar ik het over heb. Een tijdlang leefde ik zelf ook vanuit die houding, want ik was behoorlijk succesvol geweest in de wetenschappelijke en academische wereld. Maar jaren later begon ik in te zien dat het verhaal heel anders in elkaar zit. De Heer nam een enorm risico en een enorme verantwoordelijkheid op Zich, toen Hij mij aannam. Je kunt niet maar gewoon naar Hem toe wandelen en zeggen: „Heer, ik denk dat ik U ga dienen." God zegt dan: „Dat kun je niet. Je bent daar niet geschikt voor. Daar ben je niet voor gekwalificeerd. Je zult falen, en dan zul je slechter af zijn dan ervoor."

Dit moeten we goed in gedachten houden: voordat we onze diensten aanbieden aan God, kunnen we beter eerst bedenken wat voor een God we dienen. Hij is een heilig God, een glorieuze God. Een ontzagwekkende God. We kunnen niet maar wat aanrommelen in Zijn dienst. Het gaat niet om het spelen van onbetekenende godsdienstige spelletjes. Het is geen kwestie van af en toe naar de kerk gaan, als het ons uitkomt. Als het geen volkomen toewijding is, dan heeft het heel weinig waarde.

Niemand is heilig zoals de Heer

Het thema van Gods heiligheid komt opnieuw naar voren in 1 Samuel, in het lied van Hanna, nadat God haar de baby had gegeven waar ze al zo lang naar verlangde. Mag ik je iets laten zien vanuit dit bijzondere gedeelte in 1 Samuel 1? Toen Hanna in geloof de overwinning behaalde, raakte ze zwanger en werd moeder. In hoofdstuk 2 weerklonk de overwinning in haar lied van lofprijs.

Toen bad Hanna en zei: Mijn hart springt op van vreugde in de HEERE, mijn hoorn is opgeheven in de HEERE; mijn mond is wijd open tegen mijn vijanden, want ik verheug mij in Uw heil. Er is niemand zo heilig als de HEERE, want er is niemand buiten U, en er is geen rotssteen als onze God. (1 Samuel 2:1-2)

In momenten van echte geestelijke overwinning en onderscheidings-vermogen, zullen we altijd komen tot het punt waarop we zien dat God uniek is. Hij is heilig, en er is in het hele universum niemand zoals Hij.

Hij troont op de lofzang van Zijn volk

In de psalmen vinden we nog een prachtige openbaring van Gods heiligheid, en de juiste reactie daarop van ons. De psalmist zei: *U bent heilig, U troont op de lofzangen van Israël* (Psalm 22:4). Ik sprak ooit eens over dit vers met een Zweedse vriend die zanger is. Hij zei tegen mij: „Een koning is een koning, of Hij nu een troon heeft of niet. Onze Heer is dus Koning, of Hij nu een troon heeft of niet. Maar wanneer we Hem prijzen, dan bieden we Hem Zijn troon aan om op te gaan zitten. En dan is Hij bij ons, met Zijn Koninklijke aanwezigheid." God troont, Hij zit, op de lofprijs van Zijn volk. Maar we moeten beseffen dat lofprijs het gevolg is van de erkenning van Zijn heiligheid. Daarom staat er: *U bent heilig, U troont op de lofzangen van Israël.*

De Hoge en Verhevene die woont bij de nederige

Nu komen we bij een ander prachtig vers, nu in Jesaja:

Want zo zegt de Hoge en Verhevene, Die in de eeuwigheid woont en Wiens Naam heilig is: Ik woon in de hoge hemel en in het heilige, en bij de verbrijzelde en nederige van geest, om levend te maken de geest van de nederigen, en om levend te maken het hart van de verbrijzelden. (Jesaja 57:15)

Gods heiligheid brengt bij de mens nederigheid teweeg

Ik ben zo gegrepen door de schoonheid van dit vers, dat ik zeker wil weten dat we de belangrijkste kenmerken benoemen. De Heilige zegt: *Ik woon in de hoge hemel en in het heilige, en bij de verbrijzelde en nederige van geest.* Mijn eerste interpretatie hiervan is: Gods heiligheid brengt bij de mens nederigheid teweeg. Als we echt Gods heiligheid inzien, dan resulteert dat in maar één houding: nederigheid.

Merk ook op dat het bovenstaande drie themawoorden heeft die er als een rode draad doorheen lopen. Elk van deze woorden komt twee keer voor: 'De *Hoge* en Verhevene, Die in de eeuwigheid woont en Wiens Naam *heilig* is: Ik woon in de *hoge* hemel en in het *heilige*, en bij de verbrijzelde en *nederige* van geest, om levend te maken de geest van de *nederigen*.' De centrale woorden in dit vers zijn dus: hoog, heilig en nederig.

Als je wilt dat God bij je woont, bied Hem dan een nederig hart aan. Hij die in de eeuwigheid woont en wiens troon boven de hemelen is, zal wonen bij diegene met een verbrijzelde en nederige geest. Ik geloof niet dat iemand die leeft met de openbaring van Gods heiligheid ooit trots kan zijn, want trots is feitelijk een ontkenning van Gods heiligheid.

Ik hoop dat dit korte onderzoek van de genoemde Bijbelgedeelten heeft geholpen om de aard van Gods heiligheid beter te begrijpen. We gaan nu verder om te ontdekken hoe God van Zijn volk verwacht dat zij in heiligheid wandelen.

HOOFDSTUK 4

GOD VEREIST HEILIGHEID

Niet alleen God zelf is heilig, Hij vereist ook heiligheid van Zijn volk. Bij het bestuderen van dit onderwerp zullen we naar een aantal Bijbelgedeelten uit Leviticus kijken, want het thema van het boek Leviticus is heiligheid. Het woord 'heilig' komt daar meer dan negentig keer in voor. Ik geef enkele voorbeelden:

Want Ik ben de HEERE, uw God. U moet u heiligen en heilig zijn, want Ik ben heilig. U mag uzelf niet verontreinigen met al de kruipende dieren die zich over de aarde voortbewegen. Want Ik ben de HEERE, Die u uit het land Egypte heeft laten vertrekken, opdat Ik u tot een God ben. U moet heilig zijn, want Ik ben heilig. (Leviticus 11:44-45)

Spreek tot heel de gemeenschap van de Israëlieten, en zeg tegen hen: Heilig moet u zijn, want Ik, de HEERE, uw God, ben heilig. (Leviticus 19:2)

Heilig uzelf en wees heilig, want Ik ben de HEERE, uw God. (Leviticus 20:7)

U moet heilig voor Mij zijn, want Ik, de HEERE, ben heilig. Ik heb u van de volken afgezonderd om van Mij te zijn. (Leviticus 20:26)

'Wees heilig, want Ik ben heilig'

De Bijbel maakt duidelijk dat de voorwaarde om Gods volk te kunnen zijn, is dat we heilig zijn, zoals Hij heilig is. Deze eigenschap is wat ons onderscheidt en apart zet van alle andere mensen op aarde. Laten we kort kijken naar Leviticus 10:10:

Zowel om onderscheid te kunnen maken tussen het heilige en het onheilige, tussen het onreine en het reine.

Eén van de belangrijkste thema's van het boek Leviticus is hoe we onderscheid kunnen maken tussen wat heilig is en onheilig, tussen wat rein is en onrein. In feite was één van de belangrijkste taken van het priesterschap onder de Wet van Mozes, dat ze het volk van God het verschil zouden leren tussen heilig en onheilig. Het falen van het priesterschap hierin was één van de belangrijkste oorzaken van de geestelijke en nationale rampen die Israël troffen.

Ditzelfde principe is ook toepasbaar op de Nieuw-Testamentische bediening. Eén van de grote verantwoordelijkheden van de mensen die in Gods dienst staan, is dat ze de aard van heiligheid onderwijzen, inclusief het maken van onderscheid tussen wat heilig is en onheilig. Waar dit onderwijs niet gegeven wordt, of waar het niet wordt ontvangen, zal vroeg of laat altijd geestelijke rampspoed volgen.

Ontbrekende ingrediënten voor het begrijpen van heiligheid

Een belangrijk ingrediënt voor het kunnen begrijpen van heiligheid, is de praktijk van het vasten. Deze discipline is bijna volledig uit het zicht van de Kerk verdwenen. De Gemeente kan echter geen volledig begrip hebben van Gods heiligheid zonder de praktijk van het vasten.

Hiermee samenhangend is het gebrek aan voorbede, omdat voorbede vaak leidt tot vasten. Voor mij is een gedeelte uit Jesaja 59 een beeld van onze huidige samenleving. Het begint zo:

Daarom is het recht teruggeweken, en de gerechtigheid blijft van verre staan. Want de waarheid struikelt op de straat, en wat recht is, kan niet binnenkomen. (vers 14)

Als ik naar de huidige politiek kijk, dan zeg ik geregeld tegen mezelf: „de waarheid is inderdaad gestruikeld op straat…"

Het gedeelte gaat verder:

Ja, de waarheid ontbreekt, en wie zich afkeert van het kwade, wordt beroofd. (vers 15).

Ik geloof dat we dat stadium al heel dicht naderen. Je hoeft niet eens heel actief of op een opdringerige wijze rechtvaardig te zijn om in deze samenleving te worden vervolgd. Wanneer je je onthoudt van het kwade, dan zullen de mensen je opmerken en het op je gemunt hebben. Het volgende vers is de reactie van de Heer op de situatie waarin de waarheid faalde en waarin hij die niet deelnam aan het kwade zichzelf daardoor tot prooi maakte:

zonder vasten en gebed kunnen we heiligheid niet begrijpen

En de HEERE zag het, en het was kwalijk in Zijn ogen dat er geen recht was. Omdat Hij zag dat er niemand was, ontzette Hij Zich, want er was geen voorbidder (vers 15-16).

Die laatste zin zou heel goed de houding van God ten opzichte van grote delen van de Kerk vandaag kunnen zijn. Hij ontzet zich, omdat er geen voorbidders zijn.

Pleisteren met witkalk

Een vergelijkbare waarheid vinden we in Ezechiël 22, waar Gods nadruk op voorbede duidelijk naar voren komt. In het tekstgedeelte dat hierna volgt, komen vier groepen voor die worden beschuldigd van overtredingen. Dit is de volgorde van die groepen: de profeten, de priesters, de vorsten en het volk. Merk op dat God niet begint met de vorsten (oftewel de wereldse heersers). Hij begint met degenen die belijden dat ze in Hem geloven: de profeten en de priesters. Je moet beginnen met het achterhalen van de oorzaak van de problemen. Wereldse heersers kunnen slecht zijn, maar zij zijn nooit de eerste bron van het kwaad. Diegenen die beweren vertegenwoordigers van God te zijn, zonder zichtbaar bewijs dat ze dat ook echt zijn, zijn de eerste oorzaak van het probleem.

We beginnen met Ezechiël 22:24:

Mensenkind, zeg tegen het land (Israël)*: U bent een land dat niet gereinigd is, dat zijn regen niet heeft gekregen op de dag van de gramschap.*

In de late jaren vijftig gaf ik les in Kenia. Eén van mijn studenten las dit vers en gaf als commentaar: „Het enige wat een land kan reinigen is de regen van de Heilige Geest." Die conclusie is me altijd bij gebleven. Een land dat geen regen heeft ontvangen van de Heilige Geest is niet gereinigd. Dan gaat de Heer verder:

Er is een samenzwering van zijn profeten in zijn midden. Zoals een brullende leeuw die een prooi verscheurt, eten zij de mensen op. Rijkdom en kostbaarheden nemen zij mee. Talrijk maken zij zijn weduwen in zijn midden. Zijn priesters hebben Mijn wet geweld aangedaan, zij hebben de aan Mij geheiligde gaven ontheiligd. Tussen heilig en onheilig hebben zij geen onderscheid gemaakt en het verschil tussen onrein en rein hebben zij niet duidelijk gemaakt. Zij hebben hun ogen gesloten voor Mijn sabbatten. Ik word in hun midden ontheiligd. Zijn vorsten zijn in zijn midden als wolven die een prooi verscheuren om bloed te vergieten, om mensen om te brengen, omdat zij uit zijn op winstbejag. Zijn profeten bepleisteren hen met witkalk. Zij zien valse visioenen en voorspellen hun leugens door te zeggen: Zo zegt de Heere HEERE. En de HEERE heeft niet gesproken! De bevolking van het land doet niets dan afpersen, doet niets dan roven. De ellendige en arme persen zij af, en de vreemdeling buiten zij uit zonder recht (vers 25-29).

Ik heb het gevoel dat de Kerk in feite gelovigen keurig wit pleistert met witkalk, maar het zal allemaal worden weggewassen als de regen en de vloed komt. De basiswaarheden en principes van zonde, rechtvaardigheid en verantwoordelijkheid laten we onbesproken.

We lezen in Ezechiël 22:29: 'De bevolking van het land doet niets dan afpersen'. Merk alsjeblieft op dat het volk de groep is die pas het laatst wordt beschuldigd. We kunnen de drugsverslaafden en de 'zondaars' beschuldigen, maar zij komen pas aan het einde van het verhaal in beeld. De problemen beginnen bij de profeten en de priesters, de geestelijke autoriteiten.

Op de bres staan
Dan komen we bij de climax van Ezechiël 22:

Ik zocht naar iemand onder hen die een muur kon optrekken en voor Mijn aangezicht in de bres kon staan voor het land, zodat Ik het niet te gronde hoefde te richten, maar Ik vond niemand (vers 30).

Wat een tragische uitspraak: 'Maar Ik vond niemand...' Niet één. De persoon waar God naar op zoek was, moest twee dingen doen. Ten eerste moest hij een muur optrekken. Over het algemeen zijn in onze huidige samenleving alle muren van natuurlijke scheiding neergehaald. Met name, naar mijn mening, de scheiding tussen mannelijk en vrouwelijk, wat een fundamentele scheiding is. Het is een basaal, oorspronkelijk onderscheid dat werd ingesteld bij de schepping, en ik heb lang genoeg geleefd om te zien hoe deze scheiding werd neergehaald, soms voor mijn ogen, door instellingen van de wetgever.

God was op zoek naar deze persoon, die niet alleen de muren van onderscheid zou herbouwen, maar die ook de grenzen zou herstellen. Tot slot moest hij op de bres gaan staan voor Hem, hij moest tussen het volk en God in staan als voorbidder. Voorbidder betekent 'iemand die tussenbeide komt'.

Om een voorbeeld te noemen, Abraham was een voorbidder ten behoeve van de mensen in de stad Sodom. Toen de Heer en twee engelen de tent van Abraham bezochten, ging Abraham tussen de Heer en Sodom in staan en onderhandelde met de Heer, waarbij hij het aantal rechtvaardige mensen verminderde van vijftig naar tien. De Heer zei uiteindelijk: „Als Ik tien rechtvaardige mensen vind, dan zal ik de stad sparen vanwege hen." Helaas vond Hij er zelfs geen tien, maar Abraham, die staat tussen de Heer en de objecten van Zijn toorn, is een volmaakt beeld van de voorbidder, degene die tussenbeide komt. (Zie Genesis 18)

Een andere beschrijving van een voorbidder is iemand die vanuit zijn eigen volk naar voren treedt, voor God gaat staan en zegt: „Als U hen treft, moet u eerst mij treffen." Dat is het hart van de voorbidder. Als natie zijn we zover van God en Zijn maatstaven afgedwaald, en van alles waarvan we weten dat het rechtvaardig is, dat er geen hoop meer is, tenzij we werkelijk onszelf voor Hem vernederen en Zijn genade aanroepen. Hoop vinden we niet bij de politiek, en zelfs niet bij de geestelijke leiders. Hoop vinden we in een nederige minderheid die zijn ziel beproeft met vasten en voorbede. Maar dat zijn, zoals ik al eerder zei, ontbrekende ingrediënten van heiligheid en rechtvaardigheid die we zouden moeten vinden in de Kerk.

Zelfverloochening was een belangrijk thema in de geschriften van de negentiende-eeuwse christelijke leiders. In deze tijd hoor ik daar nauwelijks meer over spreken. Onze gemoedstoestand wijkt sterk af van die van Paulus, die mensen aangemoedigde om 'heiligheid na te jagen' (Hebreeën 12:14). Iets najagen betekent dat je je een doel hebt gesteld, en ervoor gaat met alles wat in je is. Je moet misschien hard rennen, je zult misschien obstakels moeten nemen, maar je geeft niet op.

heiligheid is geen optionele extra bij je reisarrangement

Jouw indruk kan misschien anders zijn dan de mijne, maar zoals ik in de inleiding al schreef, kan ik me nauwelijks een groep mensen voor de geest halen die echt heiligheid najaagt. In mijn boek 'Zij zullen boze geesten uitdrijven' heb ik een overzicht bijgevoegd van de huidige houding van de Kerk ten aanzien van heiligheid. Ik beschrijf het in termen van een reispakket. Op zeker moment in ons leven organiseerden mijn vrouw Ruth en ik reizen, dus we waren zeer bekend met deze materie. Mensen kunnen het basisarrangement kiezen, maar als ze iets extra willen, excursies willen toevoegen of luxe uitstapjes, dan moeten ze daarvoor extra betalen. Een groep heeft bijvoorbeeld een reis geboekt naar het Heilige Land voor een bepaalde prijs. Voor tweehonderd dollar extra kunnen ze ook een bootreis maken over de rivier de Nijl. De excursie over de Nijl is dan een *optie* die ze niet hoeven te nemen.

Ik geloof dat veel christenen in de Kerk genade zien als de reis naar het Heilige Land en heiligheid als extra optie, zoals de excursie over de Nijl. Heiligheid wordt gezien als een extra 'toevoeging', een optie, maar het hoeft niet per se en niemand neemt de moeite om er voor te betalen.

Ik val niemand specifiek aan, ik geef slechts mijn eigen indruk weer. Heiligheid is niet een eventuele toevoeging aan Gods voorziening. Het is een essentieel deel van Zijn genade, en Hij verwacht het van Zijn volk. Het is zelfs zo dat heiligheid het ons onderscheidende kenmerk zou moeten zijn, zoals we zullen zien in het volgende hoofdstuk.

HOOFDSTUK 5

HET ONDERSCHEIDENDE KENMERK VAN GODS VOLK

In dit hoofdstukje zullen we nadenken over de volgende stelling: Het onderscheidende kenmerk van Gods volk is hun heiligheid. We doen dit door te kijken naar corresponderende Bijbelteksten uit het Oude en het Nieuwe Testament.

Een bijzondere schat

Om te beginnen zegt God in Exodus 19 tegen Zijn volk:

Als u naar mijn woord luistert en mijn verbond onderhoudt, dan zult u van alle volken mijn bijzondere eigendom zijn, want aan Mij behoort de aarde. U zult mijn priesterlijk koninkrijk en mijn heilig volk zijn. (Exodus 19:5-6 WV95)

Om Gods volk te zijn, moeten we anders zijn - heilig zijn, apart gezet uit alle andere volken. De frase die hier vertaald is met 'bijzondere eigendom' heeft de volgende betekenissen: 'onderscheiden', 'anders dan al het andere', 'apart gezet', 'een bijzondere schat.'

In Deuteronomium 14 vinden we bijna dezelfde woorden als in het gedeelte uit Exodus. Het boek Deuteronomium is in essentie een nauwkeurige omschrijving van de voorwaarden om jouw door God gegeven erfdeel binnen te gaan en daar te blijven. Bovendien legt Deuteronomium, net als Leviticus, veel nadruk op heiligheid:

Want u bent een volk dat aan de HEER, uw God, is gewijd: u heeft Hij uitgekozen om, anders dan alle andere volken op aarde, Zijn kostbaar bezit (een bijzondere schat) *te zijn.* (Deuteronomium 14:2 NBV)

We zien in dit gedeelte dat het unieke, onderscheidende kenmerk van Gods volk hun heiligheid is. Dit is het kenmerk dat hen onderscheidt van alle andere volken. En het is ook dit kenmerk dat hen omhoog tilt. We kunnen niet leven op de manier waarop God wil dat we leven, tenzij we leven en wandelen in heiligheid. Deze waarheid wordt ook duidelijk gesteld in Deuteronomium 26:18-19. Laten we beginnen met het eerste deel van vers 18:

En de HEERE heeft u heden verklaard dat u voor Hem een volk zult zijn dat Zijn persoonlijk ('peculiar' – afgezonderde/bijzondere) *eigendom is* .(Deuteronomium 26:18)

Het woord 'verklaard' betekent: 'openlijk erkend'. God erkent openlijk Zijn volk als een volk dat apart is gezet van alle andere volken.

Zoals Hij tot u gesproken heeft, en dat u al Zijn geboden in acht moet nemen, en dat Hij u een plaats zal geven, hoog boven alle volken die Hij gemaakt heeft, tot lof, tot een naam en tot sieraad; en dat u een heilig volk zult zijn voor de HEERE, uw God, zoals Hij gesproken heeft. (Deuteronomium 26:18, 19)

Als we 'hoog verheven' willen zijn, dan moeten we heilig zijn. Die twee dingen kunnen niet gescheiden worden. God wil dat Zijn volk verheven leeft, niet dat ze leven onder de heerschappij van allerlei situaties en omstandigheden en de aanvallen van de vijand. Hij wil dat we een overwinnend, heersend volk zijn. Maar de voorwaarde is heiligheid.

Voorwaarden voor heiligheid in het Oude Testament overgebracht in het Nieuwe

We zullen nu zien hoe deze voorwaarden van het Oude Testament woord voor woord overgebracht worden in het Nieuwe Testament. In 1 Petrus citeert de apostel Petrus het gedeelte uit het Oude Testament dat we net bestudeerd hebben, toen hij schreef aan de gelovigen die naar hem luisterden.

Maar zoals Hij Die u geroepen heeft, heilig is, word zo ook zelf heilig in heel uw levenswandel, want er staat geschreven: Wees heilig, want Ik ben heilig. (1 Petrus 1:15-16)

In dit gedeelte citeert Petrus uit Leviticus, waarmee hij in feite zegt: „Onthoud, dezelfde waarheid die gold voor Israël onder de Wet, geldt ook voor jullie als gelovigen." Dan lezen we in 1 Petrus 2:9:

Maar u bent een uitverkoren geslacht, een koninklijk priesterschap, een heilige natie, een volk dat Zijn bijzonder eigendom werd... (WV95)

Alle zinnen uit het bovenstaande vers zijn afkomstig uit de verschillende teksten uit het Oude Testament waar we eerder naar keken. Ze zijn hier in dit ene vers samengevoegd om christelijke gelovigen te beschrijven. Het vers vertelt ook waarom we geroepen zijn tot heiligheid:

> ***wie Gods grote daden niet prijst, heeft geen besef van Gods heiligheid***

Maar u bent een uitverkoren geslacht, een koninklijk priesterschap, een heilige natie, een volk dat Zijn bijzonder eigendom werd om de roemruchte daden te verkondigen (KJV: prijzen) van Hem die u uit de duisternis heeft geroepen tot Zijn wonderlijk licht. (1 Petrus 2:9 WV95)

De openbaring van Gods heiligheid zal er altijd voor zorgen dat we Zijn grote daden prijzen en verkondigen. Iemand die God niet prijst, heeft heel weinig besef van Zijn heiligheid. Waar de heiligheid van God geopenbaard wordt, daar worden we gedrongen om Hem te prijzen. Het verkondigen van Gods grote daden betekent dat we Zijn aard en Zijn kwaliteiten laten zien aan degenen om ons heen.

We gaan nu naar het boek Openbaring, waar we in hoofdstuk 1 lezen:

...voor Hem Die ons heeft liefgehad en ons van onze zonden gewassen heeft in Zijn bloed, en Die ons gemaakt heeft tot koningen en priesters voor God en Zijn Vader... (vers 5-6)

In het Oude Testament is de frase 'koningen en priesters' hetzelfde als 'een koninkrijk van priesters' of een 'koninklijk priesterschap'

(Exodus 19:6). Eigenlijk is 'koningen en priesters' in het Oude Testament een meer letterlijke weergave van de frase in het Nieuwe Testament: 'een koninkrijk van priesters'. Dezelfde gedachte vinden we in Openbaring 5:

En zij zongen een nieuw lied en zeiden: U bent het waard om de boekrol te nemen en zijn zegels te openen, want U bent geslacht en hebt ons voor God gekocht met Uw bloed, uit elke stam, taal, volk en natie. En U hebt ons voor onze God gemaakt tot koningen en priesters, en wij zullen als koningen regeren over de aarde (Openbaring 5:9-10).

Door Gods voorziening is iedere gelovige een koning en een priester. Wat is de functie van een koning? Heersen. Wat is de functie van een priester? Die is tweeledig: offers brengen en voorspraak oftewel voorbede doen. Als gelovigen in Christus zijn we gemaakt tot koningen en priesters om te heersen, om offers te brengen, en om voorbede te doen. Dit is niet iets wat we in de toekomst pas zullen zijn. Het is al gebeurd op het moment dat we onze plaatsen innemen in Christus en in Zijn heiligheid.

Merk vooral op hoe al deze verzen uit het Oude en uit het Nieuwe Testament met elkaar overeenkomen: *'U moet heilig zijn, want Ik ben heilig'* (Leviticus 11:45) wordt letterlijk geciteerd in 1 Petrus 1:16: 'Wees heilig, want Ik ben heilig.' *'Een koninkrijk van priesters en een heilig volk'* (Exodus 19:6) wordt overgebracht naar Openbaring 1:6 en 5:10: 'koningen en priesters'. Het zijn dezelfde woorden en begrippen. En nog eens, ook Deuteronomium 28:18-19 en 1 Petrus 2:9 zeggen hetzelfde: *'Een uitverkoren geslacht', 'een heilige natie',* en *'een bijzonder volk'.*

Het is duidelijk: het onderscheidende kenmerk van Gods volk is hun heiligheid. Het is de belangrijkste indicatie dat we Hem toebehoren.

HOOFDSTUK 6

DE REINIGING DIE WE NODIG HEBBEN

We richten ons nu op andere gedeelten in het Nieuwe Testament die heiligheid benadrukken. We beginnen met wat Paulus geschreven heeft. Allereerst 2 Korinthe 7:

Omdat wij dan deze beloften hebben, geliefden, laten wij onszelf reinigen van alle bezoedeling van vlees en geest, en de heiliging volbrengen in het vrezen van God (vers 1).

In dit vers legt Paulus bij de gelovigen in Christus de uitdaging neer: we moeten onszelf reinigen. De verantwoordelijkheid daarvoor wordt duidelijk op *ons* gelegd. Het is iets wat *wij* moeten doen. We moeten heiligheid volbrengen in de vreze van God.

Ook schetst dit gedeelte twee soorten van bezoedeling waar we ons van moeten reinigen: de bezoedeling van het vlees en de bezoedeling van de geest. Bezoedeling van het vlees verwijst naar duidelijke vleselijke zonden, zoals hoererij, dronkenschap, godslastering, enzovoort. Maar bezoedeling van de geest gaat om de verboden interacties met het rijk van satan: het zoeken naar de occulte, bovennatuurlijke, satanische krachten in de vorm van waarzeggerij, wichelarij, hekserij, toverij en afgoderij. De Bijbel geeft aan dat dit soort interactie geestelijk overspel is (zie bijvoorbeeld 1 Korinthe 10:19-23). In de ogen van God is dit zelfs veel ernstiger dan lichamelijk overspel. De Bijbel zegt hier dat we in het licht van Gods beloften onszelf moeten reinigen op beide gebieden, het gebied van het vlees en het gebied van de geest. Door onszelf te reinigen, *volbrengen we de heiliging in het vrezen van God.*

Redenen voor reiniging

Let op het eerste woord van 2 Korinthe 7:1 'Omdat...' Velen van mijn lezers weten wat ik bij dit soort signaalwoorden altijd zeg: Als er staat *omdat..* of *daarom…* moet je altijd zien te ontdekken 'waarom…'. In het bovenstaande vers verwijst het woordje 'daarom' naar Gods beloften in het Oude Testament, die worden geciteerd aan het einde van 2 Korinthe 6. De laatste twee verzen van dat hoofdstuk zeggen:

Ga daarom uit hun midden weg en zonder u af, zegt de Heere, en raak het onreine niet aan, en Ik zal u aannemen, en Ik zal u tot een Vader zijn, en u zult Mij tot zonen en dochters zijn, zegt de Heere, de Almachtige. (2 Korinthe 6: 17-18)

De voorwaarde voor God om ons aan te nemen is dat we ons afzonderen en niet aanraken wat onrein is. Dan gaat Paulus, zoals we eerder zagen, verder door te zeggen:

Omdat wij dan deze beloften hebben, geliefden, laten wij onszelf reinigen… en de heiliging volbrengen in het vrezen van God.(2 Korinthe 7:1)

Met andere woorden, op basis van Gods beloften en voorwaarden, moeten we heiligheid volbrengen in onze levens als een zichtbaar teken van onze eerbied voor God.

Onberispelijk in heiligheid
Laten we nu kijken naar een aantal belangrijke Bijbelteksten over heiligheid, die we vinden in de eerste brief aan de Thessalonicenzen.

die ochtend werd ik wakker met de gedachte: Jezus komt spoedig

In vele opzichten zijn de Thessalonicenzen voorbeeldgelovigen geweest. Ze waren tot de Heer gekomen met veel vreugde en overgave. Hun levenswijze was veranderd. Ze waren levende getuigen. Het Woord van God ging van hen uit naar de gebieden rondom hen. Maar we moeten bedenken dat ze voorheen los van God hadden geleefd, diep in het heidendom. Er waren vele waarheden over God die ze nog niet kenden. Als je dat niet weet, dan ben je misschien verrast door sommige van de dingen die Paulus hen moest zeggen.

Eén van de waarheden die hij moest benadrukken was het principe van heiligheid. Ze hadden nog niet veel van dit principe begrepen, en dus loopt het thema van heiliging als een rode draad door Paulus' eerste brief aan deze gemeente. We bestuderen dit thema aan de hand van drie opeenvolgende gedeelten, te beginnen met 1 Thessalonicenzen 3. Dit was het verlangen en gebed van Paulus voor deze gelovigen:

En ú moge de Heere doen toenemen en overvloedig maken in de liefde tot elkaar en tot allen, zoals ook wij dat zijn tot u, opdat Hij uw harten zou versterken om onberispelijk te zijn in heiliging voor het aangezicht van onze God en Vader, bij de komst van onze Heere Jezus Christus met al Zijn heiligen. (1 Thessalonicenzen 3:12-13)

In de NBV-vertaling staat het nog iets directer: *Moge de Heer uw liefde voor elkaar en ieder ander groter maken, zodat uw liefde even overvloedig wordt als onze liefde voor u. Moge de Heer u door die liefde kracht geven, zodat u zuiver en heilig voor onze God en Vader zult staan wanneer onze Heer Jezus komt met al de zijnen. Amen.*

Paulus keek uit naar een geweldige gebeurtenis, namelijk de komst van de Heer Jezus Christus. Ik geloof dat als je het Nieuwe Testament leest met een open houding, je deze belangrijke waarheid zult ontdekken: het onderwijs over heiligheid is altijd verbonden met de verwachting van de terugkomst van Jezus, die aanstaande is. De Nieuwtestamentische christenen leefden in de voortdurende verwachting dat Jezus terug zou komen. Dit was hun grootste motivatie om in hun leven heiligheid na te jagen en vast te houden.

Ik geloof dat wij niet in heiligheid kunnen leven zoals zij dat deden, tenzij we dezelfde verwachting hebben die zij hadden. De terugkomst van de Heer is de hoop waar over wordt geschreven in 1 Johannes 3:2-3. Die hoop zorgt ervoor dat een gelovige zichzelf heiligt:

Geliefden, nu zijn wij kinderen van God, en het is nog niet geopenbaard wat wij zullen zijn. Maar wij weten dat, als Hij (Jezus) geopenbaard zal worden, wij Hem gelijk zullen zijn; want wij zullen Hem zien zoals Hij is. En ieder die deze hoop op Hem heeft, reinigt zich, zoals Hij rein is.

Ik sprak eens met de echtgenote van een voorganger in een traditionele kerk, een lieve vrouw die gedoopt was in de Heilige Geest. We spraken over dit onderwerp en ik zei tegen haar dat de komst van de Heer heel nabij is. Op vriendelijke toon probeerde ze mij wat te temperen, en zei dat ik niet al te enthousiast moest worden. „De mensen geloofden dat ook in het jaar 1000, en ze geloofden het in de dagen van Wesley. Er zijn in de kerkgeschiedenis talloze mensen geweest die dat geloofden, en toch is de Heer nog steeds niet gekomen." Ik antwoordde: „Desondanks geloof ik dat Hij komt, en Hij komt snel."

We maakten er verder geen ruzie over en ik geloof echt dat de Heer blij was met het antwoord dat ik gaf. Die avond ging ik naar bed met een gevoel van vrede en ik ontving een extra beloning in de ochtend, toen ik wakker werd met iets binnenin me dat zei: 'Jezus komt spoedig.' Ik ben nog nooit zo enthousiast geweest over Jezus' wederkomst als op dat moment. En vanaf dat moment is mijn gebed steeds intensiever geworden, dat ik die diepe, innerlijke overtuiging en verwachting van het feit dat Hij spoedig terugkomt, nooit meer kwijt zou raken. Want geloof me, het is de echte motivatie voor een heilig leven. Paulus zei in feite: Onthoud dat je Jezus gaat ontmoeten. Stel je voor hoe je op dat grote moment zult moeten zijn. Dat is de motivatie die Paulus beschrijft in 1 Thessalonicenzen 3:13: *opdat Hij uw harten zou versterken om onberispelijk te zijn in heiliging voor het aangezicht van onze God en Vader, bij de komst van onze Heere Jezus Christus met al Zijn heiligen.*

Ik zeg het nogmaals: de tweede komst van Jezus Christus is de grootste motivatie voor persoonlijke heiliging. Merk alsjeblieft op waar in bovenstaand vers heiligheid begint. Het begint in het *hart*. De meest waardevolle werken van God beginnen altijd in het hart.

Een gereinigd vat
In het volgende hoofdstuk van 1 Thessalonicenzen gaat Paulus verder met het onderwerp heiligheid in relatie tot ons lichaam:

Want dit wil God: uw heiliging, dat gij u onthoudt van de hoererij, dat ieder uwer in heiliging en eerbaarheid zijn vat* wete te verwerven. (1 Thessalonicenzen 4:3-4, NBG)

(*andere vertalingen zeggen hier: *zijn lichaam weet te bezitten in heiligheid en eerbaarheid*)

Zoals ik al eerder noemde, verbaast het je misschien dat Paulus deze christenen moest vertellen dat ze niet langer seksueel immoreel mochten leven. Maar deze mensen waren afkomstig uit een heidense achtergrond, zonder de tien geboden en zonder enige geaccepteerde morele norm. Paulus moest hen vertellen dat hoererij voor een christen niet is toegestaan. Sommige mensen vandaag benoemen het wat eigentijdser: 'seks voor of buiten het huwelijk', maar dezelfde norm is nog steeds van toepassing.

Vers 4 zegt: *dat ieder van u in heiliging en eerbaarheid zijn vat wete te verwerven.* Wat wordt bedoeld met 'zijn vat'? Paulus sprak over het menselijk lichaam. Hij zei in feite: Als christen moet je weten hoe je het vat van jouw lichaam heilig en eerbaar moet houden. Je moet leren hoe je je lichaam rein, schoon en gezond moet houden, en beschikbaar voor de Geest van God.

Jouw lichaam is eerbaar. Het is een prachtige creatie van God, ontworpen om de tempel van de Heilige Geest te zijn (zie 1 Korinthe 3:16; 6:19). Het is jouw persoonlijke verantwoordelijkheid om die tempel in de best mogelijke conditie te houden, in elk opzicht. Zo geloof ik bijvoorbeeld niet dat een oprechte gelovige zijn gezondheid kan verwaarlozen, omdat het lichaam zo nauw verbonden is met Gods doel van heiligheid.

Paulus gaf vergelijkbare instructies aan de Romeinen: *En stel uw leden niet ter beschikking aan de zonde als wapens van ongerechtigheid, maar... laat uw leden wapens van gerechtigheid zijn voor God* (Romeinen 6:13). Ik ben het niet eens met mensen die opzettelijk de conditie van hun lichaam afbreken, op welke manier dan ook. Heiligheid is niet slechts een lijst van dingen die je niet mag doen, die gedachte zal ik in dit hele boek blijven benadrukken. Maar alles wat ervoor zorgt dat de conditie van het lichaam verslechtert, is onheilig.

Volkomen geheiligd

Het laatste vers dat we zullen bestuderen, komt uit het vijfde hoofdstuk van 1 Thessalonicenzen. In dit hoofdstuk keert Paulus terug naar het thema van heiligheid, in wat mij betreft één van de mooiste zinnen uit de hele Bijbel:

zondeloze perfectie is niet wat de Bijbel leert

En moge de God van de vrede Zelf u geheel en al heiligen. (1 Thessalonicenzen 5:23)

Het concept 'volkomen heiliging' dat in sommige denominaties benadrukt wordt, is duidelijk afkomstig van deze tekst. Op de juiste manier begrepen, is volkomen heiliging een Bijbelse leerstelling. Maar het moet niet verward worden met het buitensporige onderwijs over 'zondeloze perfectie', want dat is niet wat de Bijbel leert. Paulus bidt hier dat deze mensen geheiligd zullen worden, volkomen, geheel en al, volledig. Vervolgens is hij heel specifiek over wat dit betekent:

En moge de God van de vrede Zelf u geheel en al heiligen, en mogen uw geheel oprechte geest, de ziel en het lichaam onberispelijk bewaard worden bij de komst van onze Heere Jezus Christus. Hij Die u roept, is getrouw: Hij zal het ook doen. (1 Thessalonicenzen 5:23-24)

Merk alsjeblieft opnieuw op dat de motivatie voor de persoonlijke heiligheid de komst van de Heer Jezus Christus is. In het licht van deze gebeurtenis geeft Paulus ons de opdracht om onszelf - geest, ziel en lichaam, rein en schoon te houden, en voorbereid. Heiliging heeft betrekking op ieder gebied van het leven. Als Jezus komt, dan komt Hij voor een totale persoonlijkheid. En die persoonlijkheid moet geheiligd zijn, apart gezet voor God, maar ook door God - *Hij zal het doen.*

HOOFDSTUK 7

EEN OPENBARING VAN GODS HEILIGHEID

Het boek Job beschrijft een openbaring van Gods soevereiniteit en heiligheid die we in dit hoofdstuk verder zullen ontvouwen. Mijn vrouw Ruth en ik hebben het boek Job geregeld samen bestudeerd, en het was altijd een verrijkende ervaring. Eén keer, toen we net klaar waren met het opnieuw lezen van dit boek, zei ik tegen haar: „Niemand kan God uitleggen." Het is belangrijk te beseffen dat het onmogelijk is om God volledig te begrijpen of te verklaren. Hij is ondoorgrondelijk, en Hij is volkomen soeverein.

Mijn definitie van soevereiniteit is als volgt: God doet wat Hij wil, op de manier die Hij wil, en Hij vraagt niemand om toestemming. Onze huidige cultuur heeft daarentegen de houding: 'Nou, als God iets gaat doen, dan heeft Hij wel mijn toestemming nodig.' Ik zeg het nogmaals, mensen die zo denken, zullen op een ruwe manier worden wakker geschud.

God is soeverein in ons leven
Eén van mijn meest indrukwekkende ontdekkingen toen ik nadacht over Jobs ervaringen, was de wonderlijke wijze waarop God met hem omging. In zekere zin gaf God Job over aan satan en zei: „Tot hier kun je gaan, satan, maar niet verder." Satan had de macht over de negatieve situaties in het leven van Job, maar het is belangrijk te erkennen dat satan deze dingen alleen kon doen omdat God het toeliet.

Een ander opmerkelijk feit was dat Job de meest rechtvaardige man was van zijn generatie (zie Job 1:8). Dus wat was Gods bedoeling met alles wat hem overkwam? Mijn mening is dat God alle negatieve dingen die satan Job aandeed, gebruikte om Job te brengen tot de plaats waar hij een openbaring van God kon ontvangen van aangezicht tot aangezicht. Dat was het uiteindelijke doel.

Laten we een moment overdenken wat God deed om deze ene man, Job, te brengen tot een ontmoeting met Hemzelf.

De man uit Uz

Er was een man in het land Uz, zijn naam was Job. En die man was vroom en oprecht; hij was godvrezend en keerde zich af van het kwaad... De HEERE zei tegen de satan: Hebt u ook acht geslagen op Mijn dienaar Job? Want er is niemand op de aarde zoals hij, een vroom en oprecht man, hij is godvrezend en keert zich af van het kwaad. (Job 1:1, 8)

Deze verzen omvatten een aantal opmerkelijke feiten. Ten eerste had satan klaarblijkelijk toegang tot de aanwezigheid van de Heer. Die mogelijkheid heeft hij van tijd tot tijd, en ik heb mezelf verzoend met dat feit. Maar nog verbazingwekkender is het feit dat de Heer satan opmerkzaam maakte op Job. Hij zei: „Heb je ooit een man gezien zoals deze?"

Natuurlijk had satan een weerwoord. In feite zei hij: "Nou, kijk eens wat hij ervoor terugkrijgt. In alle opzichten zorgt U voor hem. U voorziet in alles." Dus de Heer zei: "Neem alles maar van hem af, maar hem zelf mag je niet aanraken." Laten we eens kijken wat Job allemaal bezat en wat hij verloor:

Aan vee bezat hij zevenduizend schapen, drieduizend kamelen, vijfhonderd juk runderen en vijfhonderd ezelinnen. Verder had hij een zeer groot aantal slaven, zodat deze man aanzienlijker was dan alle mensen van het oosten. (Job 1:3)

Al deze bezittingen verloor Job door satans toedoen, niet alleen de dieren, maar ook bijna alle dienstknechten. In vers 14 en 15 lezen we:

...dat er een bode bij Job kwam en zei: De runderen waren aan het ploegen en de ezelinnen naast hen aan het weiden. Toen deden Sabeeërs een inval en namen ze mee, en ze sloegen de knechten met de scherpte van het zwaard; en ík ben maar als enige ontkomen om het u te vertellen.

Alle vijfhonderd juk runderen en vijfhonderd ezelinnen werden meegenomen, en op één na alle knechten die ervoor zorgden, werden omgebracht. Dan lezen we in vers 16:

Terwijl deze nog sprak, kwam er een ander en zei: Het vuur van God viel neer uit de hemel en ontbrandde tegen de schapen en de knechten, en verteerde ze; en ík ben maar als enige ontkomen om het u te vertellen.

Alle zevenduizend schapen kwamen om. Ik wil hierbij noemen dat het 'vuur van God' door satan gestuurd werd, want eerder lezen we dat God satan toestemming gaf om Jobs bezit te vernietigen. Wat de knecht zegt, betekent niet dat God het stuurde, dit is gewoon hoe de mensen het noemden. Opnieuw overleefde slechts één knecht. In vers 17 lezen we dan:

Terwijl deze nog sprak, kwam er weer een ander en zei: De Chaldeeën stelden drie groepen op en pleegden een overval op de kamelen en namen ze mee, en sloegen de knechten met de scherpte van het zwaard; en ík ben maar als enige ontkomen om het u te vertellen.

misschien vraag jij je af: waarom is dit gebeurd in mijn leven?

Drieduizend kamelen werden gestolen, en opnieuw kwamen alle knechten om, op één na. En tot slot de verzen 18 en 19:

Terwijl deze nog sprak, kwam er nog weer een ander en zei: Uw zonen en uw dochters waren aan het eten en wijn drinken in het huis van hun broer, de eerstgeborene. En zie, een hevige stormwind kwam van over de woestijn en trof de vier hoeken van het huis, en het viel boven op de jonge mensen, zodat zij stierven; en ík ben maar als enige ontkomen om het u te vertellen.

In dit geval verloor Job zeven zonen en drie dochters. Ik vertel de mensen altijd dat als de wind alle vier de hoeken van een huis tegelijkertijd treft, je dan zeker kunt weten dat satan erachter zit. Het is belangrijk om te beseffen dat satan veel meer middelen heeft dan de meesten van ons zich realiseren. In Job 2 zien we dat satan na deze rampzalige gebeurtenissen terugkwam bij God.

Toen zei de HEERE tegen de satan: Waar komt u vandaan? En de satan antwoordde de HEERE en zei: Van het rondtrekken over de aarde en van het rondwandelen erover. De HEERE zei tegen de satan: Hebt u ook acht geslagen op Mijn dienaar Job? Want er is niemand op de aarde zoals hij, een vroom en oprecht man, hij is godvrezend en keert zich af van het kwaad. Hij houdt nog steeds vast aan zijn vroomheid, hoewel u Mij tegen hem opgezet hebt om hem zonder reden te verslinden. Toen antwoordde de satan de HEERE en zei: Huid voor huid! Alles wat iemand heeft, zal hij geven voor zijn leven. Steek Uw hand maar eens uit en tref zijn beenderen en zijn vlees. Voorwaar, hij zal U in Uw aangezicht vaarwel zeggen. En de HEERE zei tegen de satan: Zie, hij is in uw hand, maar spaar zijn leven. Toen ging de satan weg van het aangezicht van de HEERE en hij trof Job met vreselijke zweren, van zijn voetzool af tot aan zijn schedel. (Job 2:2-7)

Deze zweren voegden aan Job zijn verliezen ook nog diepe schaamte en belediging toe. Bovenstaand gedeelte is wat mij betreft een duidelijk bewijs dat satan de directe oorzaak van ziekte kan zijn. Ik zeg niet dat hij de enige oorzaak is, of dat hij altijd de oorzaak is, maar hij is zeker één van de oorzaken van ziekte.

Laten we op een rijtje zetten wat Job allemaal werd afgenomen, zodat God Zijn doel bereikte met hem. Vijfhonderd span runderen en vijfhonderd ezelinnen, en alle knechten op één na van hen die voor deze dieren zorgden. Zevenduizend schapen en alle schaapherders, op één na van alle herders die voor de schapen zorgden. Drieduizend kamelen en alle knechten op één na. Al Jobs kinderen, zeven zonen en drie dochters. Al deze verliezen vonden plaats met de toestemming van de Heer. En tenslotte ook nog zijn gezondheid en zijn waardigheid. Ik heb mezelf vele malen afgevraagd: wat was Gods doel hiermee? Zoals ik het begrijp, had Hij het doel om Zichzelf aan Job te openbaren, en Hij bereidde Job voor op deze openbaring.

God openbaart Zich aan jou

Dit verhaal laat me zien dat God de dingen anders op waarde schat dan wij. Omdat één man zo belangrijk voor Hem was, was Hij bereid zoveel op te offeren. God heeft het nooit fout, Hij is nooit onrechtvaardig. Maar Hij heeft een doel met alles wat Hij doet. Een doel dat wij als mens vaak niet begrijpen.

Ik wil dit punt heel duidelijk maken, omdat ik denk dat het in mindere mate ook voor jou van toepassing is. Misschien vraag jij je wel eens af: Waarom is dit gebeurd in mijn leven? Waarom moest ik door deze dingen heen gaan? Waarom heeft God dit toegelaten? Andere mensen lijken niet zulke problemen te hebben zoals ik.

In veel gevallen is de reden waarom we door moeilijkheden gaan, dezelfde als bij Job. Wij hebben niets meegemaakt in de mate waarin Job dingen meemaakte. Toch heeft God ook ons door allerlei testen en moeilijke omstandigheden laten gaan waar we niet blij mee waren. Deze moeilijkheden en problemen waren zwaar om te verduren en niet makkelijk te begrijpen. Maar de Heer stond ze toe omdat Hij ons wil brengen tot de plaats waar Hij Zichzelf aan ons kan openbaren.

Het resultaat van Jobs ervaringen

1. Job bleef rechtvaardig

Laten we nu kijken naar de gevolgen van Jobs ervaringen. Om te beginnen hield Job, midden in al zijn ellende en rampspoed, zijn rechtvaardigheid vast. Hij zei:

Maar Hij kent de weg die ik ga. Laat Hij mij beproeven – ik zal eruit komen als goud. Mijn voet heeft zich aan Zijn spoor gehouden; aan Zijn weg heb ik mij gehouden, ik ben er niet van afgeweken. Het gebod van Zijn lippen heb ik niet weggedaan; de woorden van Zijn mond heb ik verborgen, meer dan het mij toegewezen deel. (Job 23:10-12)

Jobs zogenaamde vrienden probeerden hem te overtuigen dat hij toch iets verkeerds moest hebben gedaan, dus dat hij verdiende wat hem overkwam. Job ontkende die bewering met klem. God zelf getuigde van Jobs rechtvaardigheid, zelfs al voordat Jobs problemen begonnen:

Er was een man in het land Uz, zijn naam was Job. En die man was vroom en oprecht; hij was godvrezend en keerde zich af van het kwaad... De HEERE zei tegen de satan: Hebt u ook acht geslagen op Mijn dienaar Job? Want er is niemand op de aarde zoals hij, een vroom en oprecht man, hij is godvrezend en keert zich af van het kwaad. (Job 1:1, 8)

De HEERE zei tegen de satan: Hebt u ook acht geslagen op Mijn dienaar Job? Want er is niemand op de aarde zoals hij, een vroom en oprecht man, hij is godvrezend en keert zich af van het kwaad. Hij houdt nog steeds vast aan zijn vroomheid, hoewel u Mij tegen hem opgezet hebt om hem zonder reden te verslinden. (Job 2:3)

ondanks alles wat er met Job gebeurde, bleef hij rechtvaardig

En toen uiteindelijk alles achter de rug was, toen satan zelfs toestemming had gekregen om Job alles aan te doen, behalve het nemen van Jobs leven, getuigt de Heer dit van hem:

Nadat de HEERE deze woorden tot Job gesproken had, gebeurde het dat de HEERE tegen Elifaz, de Temaniet, zei: Mijn toorn is ontbrand tegen u en tegen uw twee vrienden, want u hebt niet juist over Mij gesproken, zoals Mijn dienaar Job. Neem daarom zeven jonge stieren en zeven rammen voor u, en ga naar Mijn dienaar Job. Breng brandoffers voor u en laat Mijn dienaar Job voor u bidden. Want alleen zijn gebed zal Ik aannemen, zodat Ik met u niet doe naar uw dwaasheid; want u hebt niet juist over Mij gesproken, zoals Mijn dienaar Job. (Job 42:7-8)

Na alles wat er met Job gebeurd was, zei de Heer nog steeds dat hij volkomen rechtvaardig was. Maar tegen Jobs vrienden zei God in wezen: "Jullie godsdienstige hypocrieten, met al jullie religieuze praat! Je moet je bekeren!" Van Job zelf eiste God echter geen bekering. Integendeel, Hij getuigde dat Job rechtvaardig was.

2. Job bekeerde zich toen hij van aangezicht tot aangezicht stond met Gods heiligheid

Dat God op het toneel verscheen om Job rechtvaardig te verklaren, was verbazingwekkend. Maar we zien een dieper besef van heiligheid in Jobs houding, toen hij God van aangezicht tot aangezicht ontmoette. Dit is wat Job tegen God zei, nadat hij een persoonlijke openbaring van Hem ontvangen had:

Luister nu, en ík zal spreken! Ik zal U ondervragen: maak het mij bekend! Alleen door het luisteren met het oor had ik U gehoord, maar nu heeft mijn oog U gezien. Daarom veracht ik mijzelf en ik heb berouw, op stof en as. (Job 42:4-6)

Hier zien we, volgens Gods eigen getuigenis, een rechtvaardig man. Maar toen hij in de aanwezigheid van de Heer kwam zei hij: „Ik veracht mijzelf". Wat had hij gezien? Ik geloof dat hij iets gezien heeft van de heiligheid van de Heer. Door het contrast tussen Gods rechtvaardigheid en zijn eigen rechtvaardigheid, moest Job wel berouw hebben. Hij moest zichzelf vernederen. Ik geloof dat dit Gods doel was met al deze gebeurtenissen. Hij bracht Job naar de plaats waar Hij hem kon confronteren met een openbaring van Hemzelf. Dat is wat het boek Job voor mij zo betekenisvol maakt.

En het maakt ook voor ons het leven betekenisvol. Zoals ik eerder schreef kan wat Job meemaakte ook worden toegepast op jouw en mijn leven. Historisch gezien is het boek Job het oudste boek van de Bijbel. Is het niet interessant dat de Bijbel begint met zo'n raadsel? Het gaat over deze verbazingwekkende vraag: waarom moet een man als Job, ondanks zijn rechtvaardigheid, zo lijden, met de instemming van de Heer Zelf?

We gaan allemaal door moeilijke ervaringen heen. Heel vaak begrijpen we niet waar we doorheen gaan of waarom. Je hebt misschien gebeden: „Heer, waarom nam U mijn vrouw weg?" of: „Waarom verliet mijn echtgenoot mij?" of: „Waarom ben ik zo teleurgesteld over mijn kinderen?" Wanneer we door tijden van lijden heen gaan, dan kunnen we zulke conflicten hebben met God.

Maar ik geloof dat God onze moeilijke ervaringen gebruikt om ons op een plaats te brengen waar we Hem beter zullen leren kennen, en ons ook meer geschikt maakt om Hem te dienen. Nadat Paulus gestenigd was in Lystra vanwege het prediken van het evangelie, vertelden hij en Barnabas aan de christenen: „Wij moeten door veel verdrukkingen het Koninkrijk van God ingaan" (zie Handelingen 14:22). Iedere weg die de verdrukking omzeilt, leidt niet naar het koninkrijk van God.

Heiligheid is het delen in Gods eigen wezen

In het bestuderen van de Bijbel ben ik tot de conclusie gekomen dat het hoogste wat God ons te bieden heeft, de openbaring is van Hemzelf. Maar we moeten voor die openbaring worden klaargemaakt. Veel dingen in ons moeten eerst worden aangepast. Onze prioriteiten moeten misschien veranderen, voordat God ons Zijn eigen wezen kan laten zien.

Wat is die openbaring? Het is Zijn heiligheid. Job was naar menselijke normen een volkomen rechtvaardig man. Maar toen hij een openbaring van de Heer kreeg, zei hij: „Ik veracht mijzelf, en ik heb berouw, op stof en as" (zie Job 42:6). Dat is het antwoord op Gods heiligheid, en het beste wat wij kunnen doen. Dat is waarom heiligheid niet een verzameling goede werken is. Heiligheid is met een moeilijk woord de 'implementatie' van God – Hij deelt Zijn eigen wezen met ons - in de mate waarin wij het kunnen ontvangen.

Laat me nog één aanvullende waarheid geven vanuit het boek Job:

En de HEERE zegende het latere leven van Job meer dan zijn eerdere. Hij had veertienduizend schapen (het dubbele van het aantal dat hij eerst had), *zesduizend kamelen* (het dubbele), *duizend juk runderen* (het dubbele aantal) *en duizend ezelinnen* (het dubbele aantal). *Hij kreeg zeven zonen en drie dochters* (Job 42:12-13)

Alles kreeg Job dubbel terug, behalve zijn kinderen. Daarvan kreeg hij hetzelfde aantal als daarvoor. Dit feit onthult een prachtige waarheid. Ik herinner me dat een goede vriend van ons plotseling zijn oudste dochter verloor, in een ongeval met een boot. God sprak tot hem en zei: „Je hebt haar niet verloren, ze is je vooruit gegaan." Op dezelfde manier had Job niet zijn zonen en dochters verloren. Het was dus niet nodig om het dubbele aantal terug te geven; hij ontving feitelijk al het dubbele, toen hij hetzelfde aantal kreeg.

er is niemand die in zijn leven nooit is teleurstelling heeft gehad

Je komt misschien in de verleiding om te denken: Nou, Job verspilde een heleboel energie aan alle voorbede die hij deed voor zijn familie (zie Job 1:4-5). Zijn kinderen werden allemaal weggevaagd in één catastrofe. Maar, nogmaals, ze werden niet weggevaagd. Het is zo belangrijk dat we deze waarheid erkennen. We hebben onze geliefden niet verloren als zij in Christus waren. Ze zijn ons voorgegaan. En, als we het geloof behouden, dan zullen wij daar ook komen. Ik zeg: „Als we het geloof vasthouden", want persoonlijk neem ik het niet als vanzelfsprekend aan dat we in de hemel komen, al klinkt dit misschien controversieel. Tot het laatste moment moet ik aan de voorwaarden voldoen. Maar ik haast me te zeggen dat ik erop vertrouw dat ik daar door Gods genade aan zal voldoen, en jij ook. Maar denk er niet te makkelijk over. Wordt er niet zorgeloos over, of vol eigendunk.

Afrekenen met de problemen uit je verleden
Alles wat we in dit hoofdstuk hebben besproken, staat in relatie tot de openbaring van heiligheid. Gods heiligheid kan niet worden uitgelegd, het kan niet worden gedefinieerd. Het kan alleen worden geopenbaard. En God kan Zichzelf alleen openbaren in Zijn heiligheid naar de mate waarin wij voor die openbaring zijn voorbereid.

Het is denk ik gepast als we bij de afsluiting van dit hoofdstuk wat tijd besteden aan ons verleden. Denk aan alles waar je doorheen bent gegaan en de teleurstellingen die je hebt gehad. Vraag dan aan God: „Heer, wat had U in gedachten, dat U deze gebeurtenissen toeliet?"

Ik stel me zo voor dat er niemand is die in zijn leven geen teleurstellingen heeft gehad. Over het geheel genomen heb ik een zeer goed leven gehad. Ik heb zeker ook teleurstellingen gehad, maar niet veel. Maar ik heb wel geleerd om mezelf te identificeren met anderen die te kampen kregen met zware teleurstellingen en beproevingen die zij niet konden begrijpen. Ik moet je vertellen dat ik geen antwoorden heb voor zulke ervaringen in je leven. Er is maar één Persoon van wie je het antwoord krijgen kunt, en dat is de Heer.

Maar als je bereid bent te geloven in Zijn absolute rechtvaardigheid en Zijn niet aflatende liefde en genade, dan kun je een ander perspectief krijgen op de gebeurtenissen die je gekweld hebben. Je kunt dan erkennen dat die misschien wel bedoeld zijn om jou te brengen tot een ontmoeting met de Heer en een openbaring van Zijn heiligheid. Dan kun je eruit tevoorschijn komen als Job, als overwinnaar.

HOOFDSTUK 8

GODDELIJKE DISCIPLINE/
VOLHEID VAN LEVEN

We gaan verder met ons onderzoek naar de bedoelingen van Gods discipline in relatie tot heiligheid, maar blijven gericht op het uiteindelijke doel: God wil dat we het volle leven in Hem ervaren (zie Johannes 10:10). Een belangrijke stap om die volheid van leven te verkrijgen is Zijn discipline. In dat verband vind ik het volgende Bijbelvers een geweldige proclamatie:

De vreze des HEEREN is ten leven, verzadigd overnacht men, door geen kwaad bezocht. (Spreuken 19:23)

Hoe zou je zo'n geweldig aanbod kunnen afwijzen? Veel christenen voelen zich onbehaaglijk bij de woorden 'de vreze des Heren'. Maar de vreze des Heren en de aanvaarding van Zijn omgang met ons zal leiden tot een geestelijk overvloedig, vol leven in Hem.

Delen in Gods heiligheid
Als God heiligheid van ons vraagt, dan is het alleen maar logisch dat Hij ook voorziet in alles wat we nodig hebben om dat te kunnen bereiken. Eén manier is door ons te onderwerpen aan zijn discipline, die Hij ons geeft als een liefhebbende, hemelse Vader. We zullen kijken naar verschillende Bijbelgedeelten over dit onderwerp in het boek Hebreeën .

Want let toch scherp op Hem Die zo'n tegenspraak van de zondaars tegen Zich heeft verdragen, opdat u niet verzwakt en bezwijkt in uw zielen. U hebt nog niet tot bloedens toe weerstand geboden in uw strijd tegen de zonde. En u bent de vermaning vergeten waarmee u als kinderen wordt aangesproken: Mijn zoon, acht de bestraffing van de Heere niet gering en bezwijk niet, als u door Hem terechtgewezen wordt. Want de Heere bestraft wie Hij liefheeft,

en Hij geselt iedere zoon die Hij aanneemt. Als u bestraffing verdraagt,
behandelt God u als kinderen. Want welk kind is er dat niet door zijn vader
bestraft wordt? Maar als u zonder bestraffing bent, waar allen deel aan
hebben gekregen, bent u bastaarden en geen kinderen. En verder hadden wij
onze aardse vaders als opvoeders, en wij hadden ontzag voor hen. Zullen wij
ons dan niet veel meer onderwerpen aan de Vader van de geesten, en leven?
(Hebreeën 12:3-9).

Het laatste zinnetje reikt ons de sleutel tot leven, namelijk onderwerping
aan de 'Vader van de geesten'. Als je niet onderworpen bent aan Hem,
dan kun je het leven zoals Hij het heeft bedoeld niet kennen.

Echte zonen en dochters

We kijken nogmaals naar Hebreeën 12:10, waar de discipline van God
vergeleken wordt met de discipline van menselijke ouders:

Want zij (onze menselijke ouders) *hebben ons wel voor een korte tijd naar*
het hun goeddacht bestraft...

Dit betekent niet dat ouders het leuk vinden om hun kinderen te
moeten straffen. Het betekent gewoon dat ze het doen met de beste
bedoelingen. Iedereen zal herkennen dat ouders soms niet zo wijs of
correct zijn in hun discipline. Toch doen ze veelal het beste wat zij
kunnen. De schrijver van Hebreeën gaat verder met de uitspraak:

... maar Hij doet dat (God disciplineert ons) *tot ons nut, opdat wij deel*
krijgen aan Zijn heiligheid. (Hebreeën 12:10)

Merk op dat het einddoel van alle kastijding en correctie is *opdat wij deel*
krijgen aan Zijn heiligheid. Hier zien we het ultieme doel van goddelijke
discipline. Dat is het doel waar God met al Zijn tussenkomst en
controle in ons leven naartoe stuurt. Ik heb heel wat mensen ontmoet
die al zo'n vijftien of twintig jaar christen zijn en die een houding
hebben van: 'God hoeft mij niet langer te corrigeren.' Niets is minder
waar. God moet jou en mij blijven corrigeren, totdat we deel hebben
gekregen aan zijn heiligheid. Zolang dat doel niet bereikt is, zijn we

onderworpen aan kastijding en correctie. Iets verderop lezen we in vers 11:

En elke bestraffing schijnt op het moment zelf wel geen reden tot blijdschap te zijn, maar tot droefheid. Maar later geeft zij hun die erdoor geoefend zijn een vreedzame vrucht van gerechtigheid.

Het Griekse woord dat hier vertaald is met 'geoefend', betekent ook 'gymnastisch getraind'. Het is alsof je door een intensief atletisch trainingsprogramma gaat, waar uiteraard discipline bij hoort. Het betekent een krachtsinspanning, ondanks de weerstand van je lichaam en flinke spierpijn. Het betekent ontbering. Maar het doel is dat je kracht, uithoudingsvermogen, souplesse en veerkracht neerzet, en goede prestaties levert. Dat is ook het doel van onze training door kastijding, ook al kan die pijnlijk zijn, dat we deelgenoten worden van Gods heiligheid.

Heiligheid is geen vrijblijvende optie

Het Bijbelgedeelte waar we eerder naar keken sluit af met deze verzen:

Hef daarom de slappe handen op en strek de knikkende knieën, en maak rechte sporen voor uw voeten, opdat wat kreupel is, niet wordt ontwricht, maar veeleer genezen wordt. Jaag de vrede na met allen, en de heiliging, zonder welke niemand de Heere zal zien. (Hebreeën 12:12-14)

Volgens dit Bijbelgedeelte is heiligheid geen vrijblijvende optie. Het is een vitaal onderdeel van de totale verlossing. Door de jaren heen hebben wij als christenen de mensen een heel verkeerde indruk gegeven. We hebben de mensen vaak doen geloven dat redding het enige is wat nodig is. Als ze verder willen gaan en ook de doop in de Geest willen ontvangen en geheiligd willen worden, dan is dat een soort optionele, aanvullende cursus. Deze gedachte geeft echter een volkomen verkeerd beeld van de Bijbel, want het Woord van God zegt dat zonder heiligheid (of heiliging) niemand de Heer kan zien. Ook hebben we mensen onterecht de indruk gegeven dat redding een soort statische conditie is. We hebben ze in de waan gelaten dat het beste wat je kunt doen om gered te blijven is veilig in de kerk blijven zitten. Redding is echter geen statische conditie, en iedereen die hoopt veilig te zijn door keurig in de kerk te zitten, is in werkelijkheid heel onveilig.

Redding is voortdurend in beweging, het is een leefstijl. Het is progressief, en ontvouwt zich steeds verder. In weerwil van de uiteindelijke bedoeling van redding, zijn er massa's christenen die als het ware 'parkeren' door te zeggen: 'ik ben gered in 1983'. Maar mijn eerlijke reactie is dan: 'Dat is fijn broeder, maar wat is er sinds dat moment met je gebeurd? Waar was je toen en waar ben je nu in je geestelijke groei?'

als je geestelijk nauwelijks bent gegroeid, dan heb je Gods doel gemist

Als je geestelijk niet of nauwelijks gegroeid bent sinds jij je redding binnenstapte, dan heb je Gods doel totaal gemist en moet je je misschien afvragen wat je redding nu eigenlijk betekend heeft. Ik zeg het nogmaals, volgens de Bijbel is het ultieme doel waar we dag aan dag naar op weg zijn het deelhebben aan Gods heiligheid.

Van binnen heb ik gehuild over vele dierbare broeders en zusters die door God gekastijd zijn, maar dat niet hebben herkend, omdat hun theologie hen leerde dat God dat niet doet. Dat is een tragedie, en het maakt me diep bezorgd. Het is een serieuze zaak als je je niet onderwerpt aan de kastijding van de Heer. Een ander Bijbelgedeelte dat dit principe illustreert is Spreuken 4:18:

Maar het pad van rechtvaardigen is als een schijnend licht, dat gaandeweg helderder gaat schijnen tot het volledig dag is geworden.

Als je loopt op de weg van rechtvaardigheid, dan wordt het licht op je pad iedere dag helderder. Als je nog steeds loopt in het licht van gisteren, dan ben je vandaag een afvallige. Bij God is er geen stopplaats voordat je het uiteindelijke doel hebt bereikt. En dat doel is deel krijgen aan Zijn heiligheid (zie Hebreeën 12:10).

Twee veel gemaakte vergissingen over Gods discipline

We zullen nu nog wat dieper gaan onderzoeken *waarom* God ons disciplineert. Weet je nog wat de schrijver van Hebreeën hierover zei?

En u bent de vermaning vergeten waarmee u als kinderen wordt aangesproken: Mijn zoon, acht de bestraffing van de Heere niet gering en bezwijk niet, als u door Hem terechtgewezen wordt. Want de Heere bestraft wie Hij liefheeft, en Hij geselt iedere zoon die Hij aanneemt. (Hebreeën 12:5-6)

Er zijn twee veel voorkomende vergissingen die mensen maken ten aanzien van Gods discipline. Sommige mensen verachten de kastijding van de Heer en zeggen: „Ik geloof niet dat God me zo zou behandelen, want God behandelt Zijn kinderen niet op die manier. Dit kan niet van God zijn. Ik geloof het niet. Ik accepteer het niet."

Anderen raken ontmoedigd door de omstandigheden in hun leven en zeggen: „Nou, als dit is hoe God me behandelt, dan geef ik de hoop op. Waarom moest ik door zoiets heen gaan? Bedoel je dat God hier achter zit? Dat kan ik niet aanvaarden. Het is te veel. Ik geef maar gewoon op." In feite zeggen ze: „Ik ga maar liggen en laat de duivel maar over me heen lopen."

In contrast met deze twee vergissingen die mensen vaak maken ten opzichte van Gods discipline, is het belangrijk dat we onthouden dat gekastijd, gecorrigeerd of gedisciplineerd worden het bewijs is dat we echte zonen en dochters van God zijn. Wee ons, als we niet gedisciplineerd worden. Dan behandelt God ons niet als Zijn kinderen.

De schrijver van de Hebreeënbrief zei ook dat we menselijke vaders hadden die ons disciplineerden en wij gaven hen respect. Helaas is dat in deze tijd vaak niet meer waar. Ik heb gezien dat er vele vaders zijn die hun kinderen niet disciplineren. Door Gods genade ben ik het hoofd van een grote familie. Ik heb kinderen op allerlei manieren zien opgroeien. En ik moet zeggen dat als je wilt dat je kinderen een moeilijke weg door het leven krijgen, dan moet je ze verwennen. Je kunt er dan op rekenen dat ze het grootste deel van hun leven problemen zullen hebben. Kinderen die niet gedisciplineerd zijn, zullen door het leven gaan, denkend dat het leven hen zal behandelen zoals hun ouders hen behandeld hebben. Maar het leven speelt dat spelletje niet mee. Het leven werkt heel anders.

Het eerste wat alle kinderen nodig hebben is liefde. Het tweede is discipline. Het één is ineffectief zonder het andere. Ik maak me soms grote zorgen als ik zie hoe sommige ouders hun kinderen een moeilijk leven insturen door gebrek aan liefdevolle discipline.

Hoe te reageren op Gods discipline

In Hebreeën 12:12-13 zien we hoe we zouden moeten reageren als we door de Heer gekastijd of gedisciplineerd worden:

Hef daarom uw slappe handen op, strek uw knikkende knieën, en kies rechte paden, zodat een voet die gekneusd is niet verder ontwricht raakt, maar juist geneest.

Met andere woorden, deze verzen waarschuwen ons om niet weg te zakken in zelfmedelijden. De eerste keer dat ik te maken kreeg met demonen die bij iemand werden uitgeworpen en hun naam noemden, noemde de derde demon zich 'zelfmedelijden'. Toen ik dat hoorde, was het alsof er een boek voor me open ging. Ik dacht: nu begrijp ik waarom zoveel mensen nooit vrij komen. Het is omdat ze gebonden zijn door zelfmedelijden. Ze zeggen: „Arme ik. Ik zou hier niet doorheen hoeven gaan. God is veel te liefdevol om Zijn kinderen zo te laten lijden. Ik moet de duivel verwerpen". Sommige mensen verspillen hun tijd aan het bestraffen en uitdrijven van de duivel, terwijl ze zich zouden moeten onderwerpen aan God. De duivel lacht je uit als je hem uitwerpt, terwijl je niet hebt voldaan aan de voorwaarden van God. Ik denk dat discipline God de kans geeft om ons te laten onderzoeken. Het enige dat ik wil zeggen is: „Laten we ons onderwerpen aan dit goddelijk onderzoek".

Mijn hele achtergrond is Brits, maar ik merk dat ik geregeld overvallen word door diep verdriet over de geestelijke toestand van de Verenigde Staten. Wat is de geestelijke reactie op die toestand? We moeten onszelf vernederen voor de almachtige God. David zei: „*Ik verootmoedigde mij met vasten*" (Psalm 35:13). Evenmin geloof ik dat *wij* de persoonlijke doorbraak die we zoeken zullen ervaren zonder de praktijk van het vasten. En ik geloof ook niet dat er een opwekking van betekenis zal komen als Gods kinderen hun ziel niet verootmoedigen met vasten. Nederigheid door vasten is een prachtig gereedschap, omdat trots zo eigen is aan het menselijke hart. Ieder van ons heeft het. Van nature zijn we trots. Van nature zijn we arrogant. Van nature zijn we zelfverzekerd en op onzelf gericht. En we moeten veranderen. Eén manier om af te rekenen met onze ik-gerichtheid is door ons te verootmoedigen door te vasten.

Ik denk vaak aan een jurist in Washington DC, die mij hoorde spreken over vasten. Op een bepaalde dag besloot hij te gaan vasten en hij had een verschrikkelijke tijd. Iedere keer als hij in de buurt kwam van een restaurant of welke plaats dan ook waar eten verkocht werd, dan dwong iets binnenin hem om naar binnen te gaan. Aan het einde van de dag (en met een goede juridische geest) sprak hij zijn maag toe en zei: „Maag, je hebt het me vandaag heel moeilijk gemaakt, en om je daarvoor te straffen, ga ik morgen ook vasten." Dat is de manier om af te rekenen met een ongedisciplineerde maag.

van nature zijn we zelfverzekerd en op onzelf gericht

Het punt dat ik wil maken is dat we positieve actie moeten ondernemen, in plaats van weg te zakken in zelfmedelijden wanneer we door de Heer gedisciplineerd worden. Juist dan moeten we onszelf onderzoeken, de kastijding aanvaarden en gepaste actie ondernemen om verder te komen in onze relatie met de Heer.

Het belang van zelfonderzoek
Ik wil graag wat dieper ingaan op dit belangrijke onderwerp: zelfonderzoek in het licht van Gods discipline. Eerder wees ik er al op dat veel christenen een houding hebben van: „Ik dien de Heer al zo lang, en ik heb al zoveel resultaten gezien, dat ik vast geen kastijding of

discipline meer nodig heb." Ik zeg je: als je denkt dat jij geen discipline nodig hebt, dan heb je het juist nodig.

We kijken even naar de instructies van Paulus betreffende het Avondmaal, het brandpunt van het hele evangelie van Christus.

*Want ik heb van de Heere ontvangen, wat ik u ook heb overgeleverd, dat de Heere Jezus in de nacht waarin Hij werd verraden, brood nam, en nadat Hij gedankt had, brak Hij het en zei: Neem, eet, dit is Mijn lichaam, dat voor u gebroken wordt. Doe dat tot Mijn gedachtenis. Evenzo nam Hij ook de drinkbeker, na het gebruiken van de maaltijd, en zei: Deze drinkbeker is het nieuwe verbond in Mijn bloed. Doe dat, zo dikwijls als u die drinkt, tot Mijn gedachtenis. **Want zo dikwijls als u dit brood eet en deze drinkbeker drinkt, verkondigt u de dood van de Heere, totdat Hij komt.** (1 Korinthe 11:23-26, nadruk toegevoegd)*

Wat is het een heerlijk voorrecht om de dood van de Heer te verkondigen. Ik wil niemand dit gebruik opdringen, maar Ruth en ik gebruikten het Avondmaal iedere ochtend als echtpaar. Het was ons dagelijkse voorrecht de dood van de Heer te verkondigen. Gelovigen zullen het Avondmaal niet voor eeuwig nuttigen, maar slechts totdat Hij komt. Het Avondmaal is een voortdurende herinnering voor ons dat Hij komt. En we moeten dit blijven vieren totdat Hij komt.

Paulus laat op de hierboven genoemde verzen een aantal zeer belangrijke waarheden volgen, te beginnen in 1 Korinthe 11:27:

Daarom, wie op onwaardige wijze dit brood eet of de drinkbeker van de Heere drinkt, is schuldig aan het lichaam en bloed van de Heere.

Dat is een zeer ernstige uitspraak. Je zou de zin die vertaald is met 'is schuldig aan' ook kunnen vertalen met 'moet verantwoording afleggen voor'. Met andere woorden, als we eenmaal het Avondmaal genuttigd hebben, dan hebben we verklaard dat Jezus gestorven is en dat Zijn bloed gevloeid heeft voor onze verlossing. Daarna zijn we verantwoordelijk voor wat we weten.

74

Dan zegt Paulus:

Maar laat ieder mens zichzelf beproeven en laat hij zó eten van het brood en drinken uit de drinkbeker (vers 28).

Jezelf onderzoeken vóór het nuttigen van het Avondmaal is in bepaalde denominaties gebruikelijk. Soms wordt het heel wettisch gemaakt, maar de basis ervan is Bijbels. Ik denk dat iedereen die deelneemt aan het Avondmaal op zijn minst een moment moet nemen om zijn of haar geestelijke conditie te onderzoeken. Het Avondmaal is een zeer gezond geestelijk gebruik. Het brengt je terug tot de plaats waar je de staat van je hart moet onderzoeken. We kunnen niet maar doorleven van dag tot dag, aannemend dat alles wel goed zit tussen God en ons, of tussen ons en onze medechristenen. Een goed moment om onszelf te onderzoeken is voor we het Avondmaal nuttigen. Dus Paulus schreef:

Maar laat ieder mens zichzelf beproeven en laat hij zó eten van het brood en drinken uit de drinkbeker. Want wie op onwaardige wijze eet en drinkt, die eet en drinkt zichzelf een oordeel, omdat hij het lichaam van de Heere niet onderscheidt. (1 Korinthe 11:28-29)

Als je op onwaardige wijze deelneemt aan het Avondmaal, dan breng je oordeel over jezelf, wie je ook bent of hoeveel jaar je ook al christen bent. Er is geen tijdslimiet. Ik ben al vele jaren christen, en God disciplineert mij nog steeds. Ik heb de staat van volwassenheid waarin ik geen discipline meer nodig heb, nog niet bereikt.

Onze drie keuzemogelijkheden
Paulus gaf ons aanvullende redenen om onszelf te onderzoeken.

Daarom zijn er onder u veel zwakken en zieken, en velen zijn ontslapen. (1 Korinthe 11:30)

'Ontslapen' duidt op voortijdig sterven. Wat was de reden? Ze onderzochten zichzelf niet. Ze beoordeelden zichzelf niet. Als we falen in het onderzoeken van onze geestelijke status, dan worden we zwak, we kunnen ziekelijk worden, en sommigen van ons kunnen te vroeg sterven. Sommige christenen stierven te vroeg vanwege het feit dat ze een verkeerde houding hadden ten opzichte van de Heer of ten opzichte van hun medechristenen. Zo'n houding is gevaarlijk en heeft een hoge prijskaart. Wat is de oplossing?

Want als wij onszelf zouden beoordelen, zouden wij niet geoordeeld worden (We zouden niet komen onder zwakheid, ziekte of voortijdige dood). *Maar als wij geoordeeld worden, worden wij door de Heere bestraft, (gedisciplineerd) opdat wij niet met de wereld veroordeeld zouden worden.* (1 Korinthe 11:31-32)

Mijn verstand zegt me dat we drie mogelijkheden hebben: 1) we beoordelen onszelf en bekeren ons; 2) we worden door de Heer bestraft en bekeren ons; 3) we bekeren ons niet en we worden samen met de wereld veroordeeld.

Ik geloof niet dat er andere keuzemogelijkheden zijn. Iedere keer dat we het Avondmaal gebruiken worden we met deze drie keuzemogelijkheden geconfronteerd.

avondmaal vieren is een prachtige gelegenheid voor zelfonderzoek

We zouden het Avondmaal moeten zien als een geweldige mogelijkheid voor zelfonderzoek - een eerlijke beoordeling van onze geestelijke conditie, en er nooit gemakkelijk of zorgeloos aan deelnemen. Als wij onszelf op dat moment oordelen, dan hoeft God dat niet te doen. Als we onszelf schuldig bevinden, dan is het enige wat we hoeven te doen is ons bekeren. Dan komen we niet onder het oordeel van de Heer. Maar als we ons niet bekeren, dan komen we onder het oordeel van de Heer. En als we ons niet bekeren op dat moment, dan zal God ons behandelen zoals Hij de wereld behandelt. Dat is volkomen logisch.

Een beeld van bekering
Ik geloof dat bekering één van de sleutelreacties is die nodig zijn voor

de problemen waar de Kerk mee geconfronteerd wordt, en ik wil je mijn eigen definitie, of beeld, van bekering geven. Stel je voor dat je op reis bent over de weg, in de verkeerde richting, en je nadert een klif. Bekering is dan alsof je op de rem trapt en stopt. Maar dat alleen is niet genoeg. Je moet omkeren en in de tegenovergestelde richting gaan rijden.

Als voorbeeld wil ik een sprekende persoonlijke ervaring met je delen. In 1991 werd ik ziek, door dwaasheid van mijn kant en door het negeren van medische instructies. Ik had een ziekte die SBE werd genoemd. Ik had geen idee wat dat was, maar ze vertelden me dat ik *subacute bacteriële endocarditis* had. Dat is een ontsteking van de hartwand, die normaal gesproken fataal is. Voordat antibiotica waren uitgevonden was er zelfs helemaal geen behandeling voor.

Gelukkig had ik de zorg van een zeer slimme dokter die het vroeg genoeg diagnosticeerde en onmiddellijk startte met behandeling - een programma van zes weken intraveneuze antibiotica. De nacht voordat ik werd opgenomen in het ziekenhuis (ik wist op dat moment nog niet dat ik opgenomen zou gaan worden), was ik in gebed. Ik zei: „Heer, ik heb genezing gepredikt, ik geloof in genezing, ik ben genezen en ik heb anderen genezen zien worden. Waarom word ik nu niet genezen?" Het duurde een poosje voordat ik het antwoord van de Heer begreep, want Hij gaf me geen verbaal antwoord. Hij gaf me slechts een serie beelden uit mijn verleden, en de meeste van die beelden waren in restaurants.

Ik moet zeggen dat ik op dat moment een bekende, gerespecteerde voorganger was in charismatische kringen, en ik ging om met zeer gerespecteerde christelijke broeders. Maar niemand vertelde me wat ik verkeerd deed, behalve de Heer. Hij liet me zien dat ik heel geleidelijk erg genotzuchtig was geworden. En Hij openbaarde me dat genotzucht het tegenovergestelde is van zelfbeheersing. Je kunt niet beide hebben op hetzelfde moment. Maar de Heer knuppelde me gelukkig niet neer met deze waarheid. Hij gaf me slechts deze kleine beelden, en terwijl ik erover nadacht, begon ik het te zien. Dus zei ik: „Heer, ik begrijp wat U me aan het vertellen bent."

Toen ik me realiseerde wat God me duidelijk maakte, bekeerde ik mij. Ik stopte en keerde me om. Vanaf dat moment reed ik in de tegenovergestelde richting. Ik had nog een lange weg te gaan, maar ik was in ieder geval op weg in de juiste richting. Ik geloof dat toen de Heer tot mij sprak, ik ongeveer vijf meter verwijderd was van een ramp. Ik had over de klif kunnen vallen en sterven. Als ik gestorven was, dan was ik geen verloren ziel geweest, maar ik zou als spreker mijn doel niet gehaald hebben.

Tijd voor actie

Waar ben jij nu, geestelijk gezien? Moet je, zoals de meesten van ons, aan God de zonde van vleselijkheid opbiechten, de zonde van genotzucht? Paulus zei: *Want het vlees begeert tegen de Geest in, en de Geest tegen het vlees in* (Galaten 5:17). Het betekent dat je niet alles kunt doen wat je wilt. *En die staan tegenover elkaar, zodat u niet doet wat u zou willen* (vers 17). Streef je ernaar bepaalde dingen voor God te doen? Als dat zo is, dan streeft je vlees tegen je geest in. Welke van de twee legt het af, en welke zal zegevieren? Het antwoord op die vraag is helemaal afhankelijk van jouw persoonlijke keuze.

In alle zelfbeoordeling en goddelijk zelfonderzoek is het belangrijk dat we komen op een punt van erkenning. Ik zou willen dat je een moment stil staat bij de vraag wat jou beheerst, wat jouw leven beheerst. Zijn het de verlangens van je vlees? Is het je eetlust? Is het je verlangen om indruk te maken op mensen? Als dat zo is, maak dan alsjeblieft rechtsomkeert. En als je dat toch doet, dan beter nu meteen. Het enige wat ik kan doen, is je aanmoedigen om de juiste beslissing te nemen. Broeders en zusters kunnen voor je bidden, maar jij moet de beslissing nemen. Dat is de aard van de ziel. De ziel neemt zijn eigen beslissingen. Niemand kan een beslissing nemen voor de ziel van iemand anders.

Maak rechtsomkeert

In het licht van wat we in dit hoofdstuk hebben besproken, kan het zijn dat je nu een verklaring wilt uitspreken van wat jij ziet als de waarheid over jezelf. Bijvoorbeeld iets zoals: 'Ik heb mezelf beoordeeld en ik realiseer me dat ik eigenlijk heel vleselijk ben. Op vele manieren word ik gedrongen en beheerst door de verlangens van mijn vlees. Ik zie daarom de noodzaak om rechtsomkeert te maken. Ik moet stoppen, me omdraaien en in de tegenovergestelde richting lopen.'

Als jij je daarin herkent, als dat jouw gesteldheid is en het is ook jouw besluit hier en nu, dan nodig ik je uit om dit aan de Heer te belijden en Hem te vertellen van je nood. Dit kun je doen met het volgende gebed:

Heer Jezus, ik erken dat ik beheerst word door vleselijke verlangens. Ik besef dat ik U verdriet heb gedaan. Ik heb Uw Geest bedroefd en uitgeblust door genotzucht en gebrek aan erkenning van Uw heiligheid. Dit spijt mij, Heer, en ik bekeer me hiervan. Ik wil rechtsomkeert maken. Ik stop nu, en, door Uw genade Heer, en met Uw hulp, keer ik om en zal in tegenovergestelde richting verder gaan. Ik zal niet langer geleid worden door mijn lichaam. Ik neem de leiding over mijn lichaam in de naam van Jezus, en ik breng het tot onderwerping aan de Geest van God. In Jezus' naam, amen.

door Uw genade Heer, en met Uw hulp, keer ik me nu om

Begin nu de Heer te danken en te aanbidden, en onthoud onze Bijbelverzen uit Hebreeën, waarin we leerden dat God ons disciplineert...

...tot ons nut, opdat wij deel krijgen aan Zijn heiligheid. En elke bestraffing schijnt op het moment zelf wel geen reden tot blijdschap te zijn, maar tot droefheid. Maar later geeft zij hun die erdoor geoefend zijn een vreedzame vrucht van gerechtigheid. Hef daarom de slappe handen op en strek de knikkende knieën, en maak rechte sporen voor uw voeten, opdat wat kreupel is, niet wordt ontwricht, maar veeleer genezen wordt. (Hebreeën 12:10-13)

HOOFDSTUK 9

GEESTELIJKE SCHOONHEID

Dieper ingaand op ons thema heiligheid, komen we bij een volgende interessant gegeven: heiligheid in de geestelijke wereld, heeft overeenkomsten met schoonheid in de natuurlijke wereld. Met andere woorden, de eigenschap die we in de geestelijke wereld 'heiligheid' noemen, is vergelijkbaar met de eigenschap "schoonheid" in het natuurlijke. Iedereen die schoonheid waardeert, geeft ook om heiligheid. Eenvoudig gezegd: heiligheid is geestelijke schoonheid.

De schoonheid van heiligheid

We gaan kijken naar een aantal uitspraken uit de Bijbel die deze waarheid onderstrepen, te beginnen met Psalm 93:5:

Uw getuigenissen zijn zeer betrouwbaar; de heiligheid is een sieraad voor Uw huis, HEERE, tot in lengte van dagen.

Onthoud alsjeblieft: het huis van de Heer is geen kerkgebouw; het huis van de Heer is het volk van God zelf. In alle generaties is heiligheid het aspect dat Gods volk siert, het past bij hem, het zorgt ervoor dat hij er op zijn best uit ziet. Heiligheid is overigens ook wat God als eis stelt voor zijn huis. 'De schoonheid van heiligheid' is een zin die verschillende keren in de Bijbel herhaald wordt, onder meer in deze verzen:

Buig u neer voor de HEERE in zijn heerlijke heiligdom (NIV: *in de schoonheid van heiligheid*), *beef voor Zijn aangezicht, heel de aarde.* (Psalm 96:9 HSV)

Erken de HEER, de majesteit van zijn naam, buig u voor de HEER in zijn heilige glorie (NIV: schoonheid van heiligheid). (Psalm 29:2, NBV)

Ik heb te maken gehad met vele soorten christenen, en ik heb ontdekt dat veel mensen die aan de buitenkant misschien weinig hebben om trots op te zijn, vaak een hogere graad van heiligheid bezitten (voor zover 'heiligheid' zich laat aanduiden in gradaties). Als voorbeeld: ik heb twee kinderen gekend met het Down syndroom. In zekere zin zijn deze mensen en kinderen heel eenvoudig. Maar wanneer het aankomt op het kennen van God op hun eigen manier, dan kennen zij Hem veel beter dan de meesten van ons. Zij hebben de innerlijke schoonheid van heiligheid, ook al gaat dit gepaard met uiterlijke afwijkingen, zoals lichamelijke zwakheid of vervormingen. Als ik moest kiezen (hoewel God dat niet van me heeft gevraagd), dan zou ik liever de innerlijke schoonheid van heiligheid hebben dan elke andere vorm van elegantie, kracht of macht. Ik verlang zeer naar die schoonheid voor anderen en voor mezelf, omdat de aanbidding die God aanneemt aanbidding is die mooi is gemaakt door de heiligheid in de aanbidder.

Gods prachtige leger

Psalm 110 geeft ons een uniek, robuust beeld van Gods volk aan het einde der tijden. Het is een beeld van de Gemeente zoals dat naar voren komt na eeuwen van duisternis, menselijke tradities en vergissingen. De Gemeente die God voortbrengt, zal een bruid zijn die geschikt is om de bruidegom, Jezus, te ontmoeten. We zien deze Gemeente uitgebeeld in het derde vers van Psalm 110, maar laten we eerst kijken naar de eerste twee verzen:

De HEERE heeft tot mijn Heere gesproken: Zit aan Mijn rechterhand, totdat Ik Uw vijanden gemaakt zal hebben tot een voetbank voor Uw voeten. De HEERE strekt Uw machtige scepter uit vanuit Sion (Sion is de bijeengebrachte verzameling of samenkomst van Gods volk) *en zegt: Heers te midden van Uw vijanden.*

We weten dat 'mijn Heere' in het bovenstaande gedeelte verwijst naar Jezus; dit Bijbelgedeelte werd aangehaald en toegepast door Jezus zelf (zie bijvoorbeeld Mattheüs 22:41-45). Het is een beeld van wat Jezus nu aan het doen is. Zijn vijanden zijn er nog steeds, ze bieden nog steeds tegenstand. Maar Hij regeert te midden van Zijn vijanden vanuit de samenkomst van Zijn volk. En de staf van Zijn kracht, zijn autoriteit, gaat uit van Sion. In Psalm 110:3 vinden we de beschrijving van Gods volk aan het einde der tijden.

Uw volk is zeer gewillig (de werkelijke betekenis is: bereidwillige offers, volkomen toegewijde offers, die gelegd worden op het altaar van Gods heiligheid) *op de dag van Uw kracht, getooid met heilig sieraad; uit de baarmoeder van de dageraad is voor u de dauw van Uw jeugd.*

Als er iets is dat me aantrekt door haar schoonheid, dan is het de zon die opgaat boven fris gebladerte en gras. Terwijl zij opkomt, begint iedere kleine druppel dauw te glinsteren in het zonlicht. Dat is wat heiligheid is in de geestelijke werkelijkheid. Gods volk komt uit de 'baarmoeder van de ochtend' in 'schoonheid van heiligheid', voor deze laatste grote manifestatie van Zijn heerlijkheid en kracht in Zijn volk.

Getooid in heiligheid

er is een sieraad van heiligheid in de verborgen mens - namelijk een stille geest

Laten we tenslotte terugkeren naar het Nieuwe Testament om een zeer mooi gedeelte te bestuderen in de eerste brief van Petrus – een gedeelte dat specifiek gericht is aan christelijke vrouwen. Ik wil hier graag opmerken dat ik vind dat sommige predikers en denominaties overdreven veel aandacht richten op wat de Bijbel leert over vrouwen, zonder stil te staan bij wat de Bijbel leert voor mannen. Het is daarom begrijpelijk dat sommige dames de neiging hebben om negatief te reageren op die nalatigheid. Ik wil ervoor waken diezelfde fout hier te maken. Dit vers spreekt over het sieraad van heilige vrouwen.

Uw sieraad moet niet bestaan in iets uiterlijks: het vlechten van het haar, het dragen van gouden sieraden of het aantrekken van mooie kleren... (1 Petrus 3:3)

Hoewel ik geloof dat iedere christen de verplichting heeft om netjes, schoon en acceptabel te zijn in de manier waarop hij of zij zich kleedt, is dat niet waar het echt om gaat. De verzen 4 en 5 maken dat duidelijk:

...maar uw sieraad moet zijn de verborgen mens van het hart, met het onvergankelijke sieraad van een zachtmoedige en stille geest, die kostbaar is voor God. Want zo tooiden zich voorheen ook de heilige vrouwen, die op God hoopten. (1 Petrus 3:4-5)

Er is een sieraad van heiligheid in de verborgen mens, in het hart. Het is een 'zachtmoedige en stille geest'. Omstanders waarderen het niet altijd, maar in de ogen van God is het ongelooflijk kostbaar.

Wil je zo beschouwd worden door de Heer? Als dat je verlangen is, bid dan het volgende gebed waarmee we dit hoofdstuk afsluiten.

Vader, dank U dat deze boodschap over heiligheid in uw Woord zo duidelijk is, zo indringend en zo ondubbelzinnig. Ik wil open staan voor de waarheid, ik zal me er niet van af keren en ik zal de Geest van genade niet weerstaan. Wanneer de Geest tot me spreekt over heiligheid, wil ik bereid zijn te luisteren en mezelf te verootmoedigen. Ik weet, Heer, dat U graag woont bij de nederigen en degenen die vol zijn van berouw. Ik bid voor uw volk, voor mijzelf en voor anderen, dat als U naar ons kijkt, U vanaf deze dag ons zult zien in de schoonheid van heiligheid. Ik wil zorgvuldig zijn, Heer, en U de eer en de glorie geven. In de naam van Jezus, amen.

HOOFDSTUK 10

HOE GOD HEILIGHEID MOGELIJK MAAKT

In de voorgaande hoofdstukken hebben we de aard van Gods heiligheid onderzocht - het unieke aspect van Gods karakter dat zijns gelijke niet kent in de gehele schepping. Ook zagen we dat God heiligheid vraagt van Zijn volk, en dat, als God iets van ons vraagt, Hij het voor ons mogelijk maakt om Zijn opdracht te vervullen. God heeft voorzien in de mogelijkheid voor ons, om deel te hebben aan Zijn totale natuur, om deel uit te maken van Zijn heiligheid. Die waarheid is de basis voor dit hoofdstuk en het is heel belangrijk dat we die waarheid pakken.

Een vermenigvuldigend leven

Om te beginnen kijken we naar 2 Petrus 1:2-4. Het is interessant om op te merken dat, hoewel Petrus van oorsprong een visser was en Paulus in feite een student en een theoloog, zij in hun brieven 'andersom' overkomen: Petrus is in zijn geschriften veel bespraakter qua taalgebruik dan Paulus. Naar mijn persoonlijke mening was Petrus van alle vroegchristelijke predikers de meest prominente, niet Paulus. Paulus was geen spreker. In 2 Korinthe 10:10 zegt hij dat zijn vijanden hem bekritiseren, want *zijn lichamelijke aanwezigheid is zwak en zijn spreken is verachtelijk*. Als je daarentegen leest wat *Petrus* geschreven heeft, dan realiseer je je dat hij een begaafd redenaar moet zijn geweest. Die kwaliteit vinden we ook terug in het gedeelte waar we nu naar gaan kijken.

Het christelijke leven is niet statisch

Moge genade en vrede voor u vermeerderd worden door de kennis van God en van Jezus, onze Heere. (2 Petrus 1:2)

Het leven als christen is niet een statische conditie, waarbij je de redding simpelweg kunt binnen stappen om vervolgens gewoon te blijven zitten. De ervaring als gelovige in Jezus is een leven van voortdurende beweging, groei en vermenigvuldiging. Eerlijk gezegd, als er geen enkele beweging, groei, en toename is in je geestelijk leven, dan vraag ik mij af of er wel werkelijk sprake is van redding.

Er is helemaal niets wat God geschapen heeft dat altijd statisch, onberoerd, onveranderd blijft. De gelovige is de kroon op Gods schepping. Dus als er ergens voortdurende groei en vooruitgang waarneembaar zou moeten zijn, dan is het wel in het leven van de gelovige in Jezus. Dat is wat Petrus bedoelde toen hij zei: *Moge genade en vrede voor u vermeerderd worden*. De toestroom van genade en vrede van God neemt voortdurend toe.

iedere gelovige in Jezus hoort voortdurende beweging en groei te ervaren

Alles is afhankelijk van het kennen van God en Jezus

Het volgende wat Petrus zegt is: *door de kennis van God en van Jezus, onze Heere.* Alles ligt besloten in het kennen van God en van Jezus onze Heer. Jezus zegt ergens anders dat het kennen van de ware God eeuwig leven is (zie Johannes 17:3). Eerder zei ik al dat wat betreft heiligheid niemand ook maar een idee kan hebben van wat heiligheid is, totdat hij God leert kennen. Alles waar we hier over spreken heeft zijn oorsprong in het kennen van God en Jezus Christus op een directe, persoonlijke manier. Wat het kennen van God uitwerkt, lezen we in 2 Petrus 1:3-4:

Immers, Zijn Goddelijke kracht heeft ons alles geschonken wat tot het leven en de godsvrucht behoort, door de kennis van Hem Die ons geroepen heeft door Zijn heerlijkheid en Zijn deugd. Daardoor heeft Hij ons de grootste en kostbare beloften geschonken, opdat u daardoor deel zou krijgen aan de Goddelijke natuur, nadat u het verderf, dat er door de begeerte in de wereld is, ontvlucht bent.

Vier waarheden over Gods voorziening

In bovenstaand tekstgedeelte staan vier heel belangrijke uitspraken. Twee ervan vinden we in vers 3, en twee in vers 4.

1. Volkomen voorziening is al gegeven door Gods kracht.

De eerste uitspraak is: *Zijn Goddelijke kracht heeft ons alles geschonken wat tot het leven en de godsvrucht behoort...* (2 Petrus 1:3). Let vooral op de tijd die wordt gebruikt. De tijdsvorm van het werkwoord dat gekozen is laat het moment van de handeling zien. Het is niet zo dat God *zal* geven, maar Hij *heeft gegeven*. God heeft ons alles al gegeven wat we ooit nodig zullen hebben voor een leven waarin we steeds meer op Hem gaan lijken. Hij heeft volkomen voorziening gegeven voor tijd en eeuwigheid, door Zijn kracht. Het is belangrijk dat we die waarheid begrijpen.

2. De voorziening komt tot stand door het erkennen van Christus.

Het tweede deel van 2 Petrus 1:3 zegt: ...door de kennis van Hem Die ons geroepen heeft door Zijn heerlijkheid en Zijn deugd. Wat hier vertaald is met 'kennis', is in het Grieks een woord dat 'erkenning' betekent. Met andere woorden, onze mogelijkheid om vooruit te komen in de dingen van God, komt overeen met de mate waarin we Jezus Christus erkennen.

Laat ik hier met nadruk stellen dat de Kerk niet één wordt door het discussiëren over leerstellingen. Het is zelfs zo dat de geschiedenis laat zien dat hoe meer we discussiëren over leerstellingen, hoe meer we verdeeld raken. De Kerk wordt één door de erkenning van Jezus Christus. Paulus zei: *totdat wij allen komen tot de eenheid van het geloof en van de kennis van de Zoon van God* (Efeze 4:13). Ook hier wordt het Griekse woord gebruikt dat erkenning betekent. Met andere woorden, we gaan eenheid in geloof bereiken naar de mate waarin we de Heer Jezus Christus erkennen.

Het is duidelijk dat ieder aspect van Bijbelse leerstelling een aspect is van Jezus Christus en Zijn bediening. Je gaat de redding binnen door het erkennen van Jezus als de Redder. Je gaat genezing binnen door Jezus te erkennen als Geneesheer. Je gaat de doop in de Heilige Geest binnen door Jezus te erkennen als de Doper. Je gaat bevrijding binnen door Jezus te erkennen als Bevrijder. Zowel groei in het leven als christen als eenheid onder gelovigen worden niet bereikt door het vaststellen van leerstellingen en het discussiëren erover, maar door het erkennen van de Heer Jezus Christus. Hoe meer compleet we Hem erkennen, hoe meer we één zijn in Hem, en hoe meer we groeien in onze eigen geestelijke ervaring. Het tweede deel van 2 Petrus 1:3 bevestigt de waarheid dat we binnengaan in Gods voorziening door de erkenning ('kennis') van Jezus Christus.

3. De voorziening is in de beloften van God

2 Petrus 1:4 noemt de middelen waardoor we Gods voorziening binnengaan. Het eerste deel van dit vers zegt: *Daardoor heeft Hij ons de grootste en kostbare beloften geschonken.* Gods voorziening is in Zijn beloften. Dit is een uiterst belangrijke waarheid voor ons om te beseffen.

De totale voorziening voor alle gelovigen is in Gods beloften. Ik heb een kleine slogan ontwikkeld waarvan ik graag wil dat je die hardop leest. Lees hem eerst voor jezelf en spreek hem vervolgens hardop uit, want dan zul je het onthouden: 'De voorziening is in de beloften.'

4. Als we ons Gods beloften eigen maken, dan krijgen we deel aan Zijn aard en ontsnappen aan de verdorvenheid van de wereld

Laten we nu kijken naar het laatste deel van 2 Petrus 1:4, waar duidelijk genoemd wordt wat er gebeurt als we ons Gods beloften eigen maken. Je kunt het een enkel gevolg noemen of een dubbel, dat maakt niet uit. Maar het eerste gevolg als je jezelf de beloften die Petrus noemt eigen maakt, is: ...*opdat u daardoor deel zou krijgen aan de Goddelijke natuur.* Je begint daadwerkelijk deel te krijgen aan de natuur van God Zelf.

Dan, aan het eind van vers 4, zegt Petrus: *nadat u het verderf, dat er door de begeerte in de wereld is, ontvlucht bent.* Naar de mate waarin we deel hebben aan Gods natuur, ontkomen we aan de verdorvenheid van de oude, gevallen natuur van Adam. Dit feit moeten we heel duidelijk voor ogen houden: zondige verdorvenheid en de goddelijke natuur gaan niet samen. Waar zondige verdorvenheid is, daar is de goddelijke natuur niet. Waar de goddelijke natuur overheerst, daar is geen zondige verdorvenheid te vinden. Dus hoe meer we deelhebben aan de goddelijke natuur, hoe meer we ontsnappen aan de verdorvenheid die we van Adam hebben geërfd.

Verander je ervaring als kind van God
Laten we ter afsluiting van dit hoofdstuk deze vier belangrijke waarheden nog even herhalen, want als je er goed van doordrongen bent en ze weet vast te houden, dan kunnen ze je leven veranderen.

zondige verdorvenheid en de goddelijke natuur gaan onmogelijk samen

1. Gods goddelijke kracht heeft ons voorzien van alles wat we ooit nodig zouden hebben voor een heilig leven - er is al volledige, volkomen voorziening. Doe even je ogen dicht en besluit voor jezelf: geloof ik dit? En spreek het dan maar uit: ,,God, U heeft alles voor mij beschikbaar gemaakt!''

2. De voorziening gaat gelijk op met mijn steeds groeiende erkenning van Jezus Christus – Zijn heerschappij in mijn leven en het kennen van Hem. In de mate waarin we Christus erkennen, in die mate gaan we binnen in Gods voorziening.

3. De voorziening is in de beloften van Gods Woord. (Het is goed om ook deze waarheid te proclameren en toe te passen op jezelf: ,,Heer, dank U dat alle voorziening is in de beloften van Uw Woord.'')

4. Als gevolg van het ons eigen maken van Gods beloften in Zijn Woord en het erkennen van Christus, zullen we twee dingen persoonlijk gaan ervaren: a. we gaan deel uitmaken van de goddelijke natuur, Gods eigen natuur, en 2. als we deel uitmaken van Gods eeuwige,

onvergankelijke natuur, dan ontsnappen we automatisch aan het bederf dat heerst in deze wereld.

HOOFDSTUK 11

LAND VAN BELOFTEN

Nu we in het vorige hoofdstuk vier waarheden hebben bestudeerd die vormend zijn voor ons leven, wil ik deze waarheden illustreren vanuit het Oude Testament, of het oude verbond. We beginnen onze studie in het boek Jozua. Daar vinden we een prachtige illustratie.

Ons erfdeel onder een nieuw verbond

Onder het oude verbond was het erfdeel waar God Zijn volk naar toe bracht het natuurlijke Beloofde Land, het land Kanaän. Onder het nieuwe verbond leidt God Zijn volk naar het 'Land van Beloften'. Alle principes die van toepassing waren onder het oude verbond, zijn ook van toepassing onder het nieuwe.

In het oude verbond was de naam van degene die Gods volk het Beloofde Land binnenbracht Jozua. In het nieuwe verbond is de naam van degene die Zijn volk het land van beloften binnenbrengt Jezus – het is veelzeggend dat deze twee namen in het Hebreeuws precies hetzelfde zijn.

In het Oude Testament zijn twee boeken die specifiek gaan over het binnengaan in het erfdeel van Gods volk. De eerste is het boek Deuteronomium, waar de basisprincipes worden neergelegd voor het binnengaan in en het behouden van je erfdeel. Dan beschrijft het boek Jozua de daadwerkelijke gebeurtenis van de kinderen van Israël terwijl zij deze principes toepassen en hun erfdeel binnengaan. Als je Deuteronomium en Jozua leest vanuit dat begrip, dan zul je ontdekken dat deze boeken een helder licht werpen op jouw ervaring, als je jouw Land van Beloften in Christus binnengaat en in dat erfdeel verblijft.

De opdracht van Jozua

Het gebeurde na de dood van Mozes, de dienaar van de HEERE, dat de HEERE tegen Jozua, de zoon van Nun, de dienaar van Mozes, zei: Mijn dienaar Mozes is gestorven. Nu dan, sta op, steek deze Jordaan over, u en heel dit volk, naar het land dat Ik aan hen, de Israëlieten, ga geven. (Jozua 1:1-2)

Soms moet er eerst een sterven plaatsvinden, voordat er nieuw leven kan ontstaan. Soms moet een orde worden beëindigd, voordat een nieuwe orde zich kan ontwikkelen. Mozes was de door God aangewezen leider om Israël uit Egypte te leiden. Maar God had Mozes duidelijk verteld dat hij niet degene zou **binnen alle** zijn die Gods volk hun erfdeel, het Beloofde **denkbare** Land, zou binnenbrengen (zie Numeri 20:7-12). **christelijke** Mozes moest sterven voordat Gods volk naar **denominaties** binnen kon gaan.

is het 'instituut' Ik geloof dat er een vergelijkbare situatie is in **overleden** de Kerk van vandaag. Ik vertrouw erop dat ik niemand beledig als ik dit zeg, en ik hoop dat je me goed begrijpt, maar ik geloof dat er een sterfgeval heeft plaatsgevonden in de christelijke kerk. Wat er gestorven is, is de geïnstitutionaliseerde kerk. Ik zeg niet dat de Baptistenkerk gestorven is, of de Pinksterkerk, of de Hervormde kerk of de Rooms Katholieke. Nee, ik zeg dat de geïnstitutionaliseerde kerk dood is – binnen alle denkbare christelijke denominaties is het 'instituut' overleden. En ik denk dat we er inmiddels lang genoeg over gerouwd hebben.

In deze vergelijking is de geïnstitutionaliseerde kerk als Mozes; het instituut kan ons, Gods volk, niet het erfdeel binnenbrengen dat God ons heeft toegewezen. We hebben een nieuw leiderschap nodig, een nieuw model, een nieuwe manier van vooruitkomen. En ik geloof dat God ons in deze tijd dit nieuwe model binnen leidt. Israël werd toegestaan om dertig dagen om Mozes te rouwen. God is ook een psycholoog. Hij weet dat traumatische gebeurtenissen mensen choqueren en dat het hen tijd kost om zich aan te passen. Dan, na de dertig dagen, zegt Hij in feite tegen Jozua: „Het is tijd om te stoppen met rouwen, en in beweging te komen. Mozes is dood. Dat is niet het einde van de wereld. Het is slechts het einde van een seizoen, en het begin van een nieuw seizoen."

De belofte tot stand brengen

Laten we nu kijken naar de principes die zich ontvouwden toen Jozua de opdracht kreeg om Gods volk hun erfdeel binnen te leiden. De Heer zei:

Mijn dienaar Mozes is gestorven. Nu dan, sta op, steek deze Jordaan over, u en heel dit volk, naar het land dat Ik aan hen, de Israëlieten, ga geven. Elke plaats die uw voetzool betreedt, heb Ik u gegeven, overeenkomstig wat Ik tot Mozes gesproken heb. (Jozua 1:2-3)

Ik wil wijzen op twee verschillende vormen van het woord 'geven' dat door de Heer gebruikt werd in dit Bijbelgedeelte. In vers 2 wordt de tegenwoordige tijd gebruikt (in de meeste Nederlandse vertalingen wordt het echter vertaald in de toekomende tijd: 'ga geven' of 'zal geven'). Hij gaf hen het land terwijl Hij sprak. Maar in vers 3 is het de voltooide tijd geworden, wat aanduidt dat iets al heeft plaatsgevonden of al is gedaan: *Elke plaats die uw voetzool betreedt, heb Ik u gegeven.*

Vanaf dat moment behoorde het hele land wettig aan de Israëlieten, maar ze moesten het nog in bezit nemen. En ze deden dat door hun voetzolen te zetten op het land. Terwijl zij hun voetzolen plaatsten op ieder gebied, werd het ook naar ervaring hun bezit.

We moeten beseffen dat er een enorm verschil is tussen wettig bezit en bezit naar ervaring. Je hebt waarschijnlijk wel dit soort uitspraken gehoord van andere christenen: „Ik heb geen andere ervaring nodig dan redding. Ik heb geen tweede zegen nodig. Ik heb de doop in de Heilige Geest niet nodig. Ik heb het allemaal gekregen toen ik gered werd." Het antwoord is: „Ja, dat heb je inderdaad, wettig. Maar nog niet naar ervaring."

Je zou je kunnen voorstellen dat Jozua en de kinderen van Israël op dezelfde manier redeneerden. Ze zouden zich opgesteld hebben op de oostelijke oever van de rivier de Jordaan, met hun armen over elkaar en ze zouden gezegd hebben: „Wij hebben het!". Of misschien waren ze van een progressiever soort geweest. Dan zouden ze de Jordaan overgestoken zijn en zich hebben opgesteld op de westelijke oever, en vervolgens hetzelfde hebben gezegd: „Wij hebben het!". Ongeacht aan welke kant van de Jordaan ze zich zouden hebben opgesteld, de Kanaänieten zouden ze hebben uitgelachen, want zij wisten wie het land bezat, naar *ervaring*. Ik zeg het nogmaals, we moeten het verschil erkennen tussen wettig bezit en bezit naar ervaring.

Israël had het gehele Beloofde Land wettig ontvangen vanaf Jozua 1:3. Wettig gezien was het voor altijd van hen. Maar niet naar ervaring, nog niet tenminste.

Je voet neerzetten

Dit verschil tussen wettig bezit en bezit naar ervaring is ook voor ons belangrijk in ons leven als christen. Zoals ik al eerder zei, is ons erfdeel het land van beloften. Alle beloften zijn al van jou, in Christus (zie Korinthe 1:20). Maar je moet je voetzool erop zetten om ze ook naar ervaring in bezit te nemen.

Iedere stap die de kinderen van Israël (onder het oude verbond) zetten in hun erfdeel, werd bestreden en bevochten door hun vijanden. Precies zo zal iedere stap die jij in Christus zet in je erfdeel onder het nieuwe verbond, betwist en bestreden worden door je geestelijke vijanden. De vijanden onder het oude verbond waren Perizieten, Hetieten, Hivieten, Jebusieten, Kanaänieten, Amorieten en een heleboel andere 'ieten'. De 'ieten' die jouw vooruitgang onder het nieuwe verbond zullen bestrijden zijn allemaal krachten van satan, inclusief boze geesten en demonen.

Je moet je gezicht maken als hard gesteente (zie Jesaja 50:7) en het land van beloften instappen, terwijl je zegt: „De Heer heeft me dit land gegeven. Hier zet ik mijn voet neer, dus satan, wegwezen!" Besef dat satan alleen weg zal gaan als hij geconfronteerd wordt met geloof en vastberadenheid. Als je probeert om hem tegemoet te treden zonder deze wapens, dan zal hij vast blijven houden aan jouw erfdeel. Hoewel je het wettig bezit, zul je er niet van kunnen genieten naar ervaring. Dit zijn heel belangrijke basisprincipes.

Zeven voorzieningen om deel te krijgen aan Gods heiligheid

Nu zullen we deze principes gaan toepassen op de waarheden aangaande Gods heiligheid. Laten we terugkijken naar wat we al geleerd hebben uit het boek Hebreeën, waar staat dat God ons disciplineert *tot ons nut, opdat wij deel zouden krijgen aan Zijn heiligheid* (Hebreeën 12:10). Petrus gebruikt de term 'deelgenoten aan de goddelijke natuur' (zie 2 Petrus 1:4). De schrijver van Hebreeën spreekt over het deelgenoot zijn van een specifiek aspect van de goddelijke natuur, Gods heiligheid. Maar het geldt voor alle aspecten van de goddelijke natuur. De principes van voorziening die ik nu ga ontvouwen in relatie tot heiligheid, kun je met weinig of geen verandering ook toepassen op vele andere gebieden van je leven als gelovige. Zo gelden vrijwel precies dezelfde principes bijvoorbeeld ook voor genezing.

er is verschil tussen wettig bezit en bezit naar ervaring

Hoe kunnen we deel uitmaken van de goddelijke natuur? Wat is Gods voorziening voor heiligheid? Dit zullen we onderverdelen in zeven stappen, zodat we een zo duidelijk mogelijk begrip krijgen van ieder aspect. Bij het bestuderen van het Nieuwe Testament heb ik ontdekt dat er zeven voorzieningen zijn van God die we nodig hebben om ons erfdeel van heiligheid in bezit te nemen:

1. Jezus Christus
2. Het Kruis (de plaats van Jezus' offer)
3. De Heilige Geest
4. Het bloed van Jezus
5. Het Woord van God
6. Ons geloof
7. Onze werken (de daden waarin ons geloof tot uitdrukking komt)

Deze zeven voorzieningen van God in relatie tot heiligheid zullen we verder uitwerken in het volgende hoofdstuk.

HOOFDSTUK 12

ZEVEN ASPECTEN VAN GODS VOORZIENING VOOR HEILIGHEID

We zullen nu de zeven aspecten van Gods voorziening doorlopen, aspecten die nodig zijn om deel te kunnen hebben aan ons erfdeel in God: heiligheid.

1. Jezus Christus

Het eerste aspect van Gods voorziening is Jezus Christus. We hebben al gezien dat we door Jezus Christus te erkennen, binnengaan in de totale voorziening. *Zijn Goddelijke kracht heeft ons alles geschonken wat tot het leven en de godsvrucht behoort, door de kennis* (erkenning) *van Hem* (Jezus) *Die ons geroepen heeft door Zijn heerlijkheid en Zijn deugd* (2 Petrus 1:3). Met betrekking tot heiligheid, of heiliging, werd deze waarheid ook helder verwoord door de apostel Paulus:

Aan de gemeente van God die in Korinthe is, aan de geheiligden in Christus Jezus, geroepen heiligen. (1 Korinthe 1:2)

Deze tekst maakt duidelijk dat onze heiliging in Christus Jezus is. Buiten Christus Jezus is er geen voorziening voor heiliging. Het begint allemaal met Hem. Aan het einde van dat hoofdstuk zegt Paulus het zelfs nog duidelijker:

Maar uit Hem bent u in Christus Jezus, Die voor ons is geworden wijsheid van God en gerechtigheid, heiliging en verlossing (1 Korinthe 1:30).

Voor iedere gelovige heeft God de Vader Jezus tot wijsheid gemaakt, gerechtigheid, heiliging en verlossing. Vier essentiële, noodzakelijke dingen, die allemaal uitsluitend in Christus beschikbaar zijn, dus niet in onszelf! In onszelf is er geen voorziening in wijsheid, zonder

Hem is er geen voorziening in gerechtigheid, in onszelf is geen enkele voorziening in heiliging, en met het laatste punt waren we natuurlijk sowieso al bekend: zonder Jezus is er ook geen verlossing! Maar ook wijsheid, gerechtigheid en heiliging zijn niet los verkrijgbaar. Iedere zegen die God voor ons heeft komt tot ons door Jezus Christus.

Laten we kijken naar twee aanvullende Bijbelteksten die vergelijkbaar zijn met deze gedachte:

Want de wet is door Mozes gegeven, de genade en de waarheid zijn er door Jezus Christus gekomen. (Johannes 1:17)

Hoe zal Hij, Die zelfs Zijn eigen Zoon niet gespaard maar voor ons allen overgegeven heeft, ons ook met Hem niet alle dingen schenken? (Romeinen 8:32)

Met Christus schenkt God ons 'alle dingen'. Zonder Christus krijgen we niets. Ons hele erfdeel is in Jezus Christus alleen.

2. Het Kruis

De tweede voorziening voor heiligheid is het Kruis. De schrijver van Hebreeën benoemt deze gedachte in één geweldig vers:

Want met één offer heeft Hij hen die geheiligd worden, tot in eeuwigheid volmaakt. (Hebreeën 10:14)

Dat ene offer is uiteraard de dood van Jezus Christus aan het Kruis. In het hierboven genoemde Bijbelgedeelte zijn de werkwoordsvormen in het originele Grieks heel belangrijk, want er is een duidelijk verschil. Er staat: Want met één offer *heeft Hij volmaakt...* Dit staat in de voltooide tijd, wat aangeeft dat het al is gebeurd, klaar, afgerond. Het kan niet meer ongedaan worden gemaakt, of gewijzigd, of iets eraan toegevoegd. Maar het andere deel van dit vers zegt: hen die geheiligd *worden...* Hier zien we een paradox opdoemen, een tegenstelling: enerzijds zijn we door één volmaakt offer tot in eeuwigheid volmaakt;

maar anderzijds *worden* we geheiligd, en is heiliging een doorgaand, zich voortdurend ontwikkelend proces.

Veel mensen hebben de relatie tussen het volmaakte offer en het 'voortdurend je toe-eigenen daarvan' verkeerd begrepen. Als gevolg daarvan zijn er verkeerde ideeën gaan heersen over 'instant-heiligheid'; alsof je van het ene op het andere moment volledig apart gezet en geheiligd kunt leven. Ik geloof net zo min in instant-heiligheid als ik in instant-koffie geloof. Als je echte koffie wilt, dan zul je het moeten filtreren. En als je God en Zijn heiligheid echt wilt ervaren, dan is er een proces nodig van 'filtratie'. Als je het filtreren overslaat, dan zullen de resultaten teleurstellend zijn.

Het grote belang van het Kruis wil ik graag visualiseren. Stel je in gedachten het Kruis voor als een verticale tussenkomst van God in de menselijke geschiedenis en in ieder individueel menselijk leven. De grootste balk van het Kruis is verticaal, hij komt van God in de hemel naar beneden en raakt het menselijke leven. Het is een volmaakt offer, dat nooit meer veranderd kan worden. Aan de andere kant vertegenwoordigt de horizontale balk van het Kruis het menselijke leven, dat zich voortdurend blijft ontwikkelen en ontvouwen. Nadat het Kruis in ons leven is gekomen, is er een voortdurende toe-eigening van wat het voor ons beschikbaar heeft gemaakt.

ik geloof net zo min in instant-heiligheid als in instant-koffie

Dus, wat Jezus gedaan heeft aan het Kruis is volmaakt en eeuwig, maar onze toe-eigening ervan is niet instantelijk en volkomen. We worden voortdurend, steeds verdergaand geheiligd.

Mensen die geloven dat heiliging van het ene op het andere moment zou moeten plaatsvinden, maar het vervolgens niet direct ontvangen, komen vaak onder zelfveroordeling. Of ze denken dat er iets mis is gegaan en dat God niet doet wat Hij heeft beloofd. Zij moeten gaan begrijpen dat Gods deel volkomen is, terwijl onze toe-eigening ervan een voortdurend proces is. Het is heel belangrijk om dit aspect van heiligheid te begrijpen, want het rekent af met veel misverstanden en voorkomt gevoelens van schuld, veroordeling en teleurstelling in ons leven als christen.

3. De Heilige Geest

De derde factor in Gods voorziening in heiligheid is de Heilige Geest. Ook de Heilige Geest speelt een rol in onze heiliging. Het eerste Bijbelgedeelte waar we naar zullen gaan kijken is 1 Korinthe 6:11, wat zo begint: *Sommigen van u zijn dat wel geweest...* Paulus verwijst met het woordje 'dat' naar de twee voorgaande verzen, waar niet echt leuke dingen staan. Het verwijst naar ontuchtplegers, afgodendienaars, overspeligen, homoseksuelen, mensen die sodomie bedrijven, dieven, hebzuchtige mensen, dronkaards, lasteraars en rovers. Deze gelovigen in Korinthe kwamen niet allemaal uit de betere sociale achtergronden. Paulus zegt vervolgens: „Dat zijn sommigen van jullie wel geweest, maar..." Wat ben ik God dankbaar voor die 'maar'! Dit simpele woordje staat voor het afgesneden worden van je verleden en het begin van iets heel nieuws!

...Maar u bent schoongewassen, maar u bent geheiligd, maar u bent gerechtvaardigd, in de naam van de Heere Jezus en door de Geest van onze God. (1Korinthe 6:11)

Degene die de genade van Christus beschikbaar maakt is de Heilige Geest. Dus, de basis van de voorziening is het Kruis. Degene die de voordelen van het Kruis in ons leven beschikbaar maakt, is de Geest van God. En één van die voordelen die Hij beschikbaar maakt is heiliging. Hier zien we trouwens ook weer die paradox: hoewel we eerder zagen dat we voortdurend 'geheiligd *worden*', lezen we hier dat we *zijn* schoongewassen, geheiligd en gerechtvaardigd. We zullen nu kijken naar een ander vers, waar we het vanaf nu over gaan hebben:

Maar wij moeten God altijd voor u danken, broeders, die geliefd bent door de Heere, dat God u van het begin verkoren heeft tot zaligheid, in heiliging door de Geest en geloof in de waarheid. (2 Thessalonicenzen 2:13)

Als we ons richten op het tweede deel van dit vers, dan krijgen we de volgende geweldige uitspraak: God koos u vanaf het begin uit tot zaligheid, in heiliging door de Geest en door geloof in de waarheid. Ik geloof dat dit het proces is waardoor we de redding binnengaan: 1. God kiest in eeuwigheid, 'vanaf het begin'. 2. Vanaf dat moment begint de Heilige Geest ons te heiligen, om ons apart te zetten, ons te brengen naar de plaats waar we een openbaring van God ontvangen. (Op dit concept komen we in latere hoofdstukken nog terug.) 3. Het heiligende werk van de Heilige Geest brengt ons tot geloof in de waarheid van Gods Woord. 4. Door te geloven in de waarheid gaan we de redding binnen, of worden we de redding binnengebracht.

Het is belangrijk te weten dat wat mensen hier ook over denken, dit is wat de Bijbel zegt. Het heiligende werk van de Geest begint voordat we tot redding komen. Het is zelfs zo dat als de Heilige Geest niet zou beginnen te werken, we nooit tot redding gekomen zouden zijn.

In de eerste brief van Petrus vinden we ongeveer dezelfde gedachte. De apostel Petrus spreekt tot gelovigen in Christus en zegt:

Petrus, een apostel van Jezus Christus, aan de vreemdelingen in de verstrooiing in Pontus, Galatië, Kappadocië, Asia en Bithynië, uitverkoren (gekozen) *overeenkomstig de voorkennis van God de Vader, door de heiliging van de Geest, tot gehoorzaamheid en besprenkeling met het bloed van Jezus Christus.* (1 Petrus 1:1-2)

Merk op dat Petrus niet alleen spreekt over Gods keuze, maar ook over Gods voorkennis, die logischerwijs aan zijn keuze voorafgaat. Dus, in eeuwigheid hebben we dit scenario: God heeft voorkennis over ons, en op basis van zijn voorkennis kiest Hij ons. Te zijner tijd begint de Heilige Geest Zijn heiligende werk in ons leven en brengt ons naar de plaats van gehoorzaamheid aan het Woord van God en het evangelie. Als we het Woord gehoorzamen, dan wordt het bloed van Jezus op ons gesprenkeld tot redding, reiniging en afzondering.

Eén basisfeit moeten we van dichtbij bekijken: Het bloed wordt alleen gesprenkeld op de gehoorzamen. De ongehoorzame mensen hebben geen toegang tot het bloed van Jezus. Dit principe is van toepassing op het hele christelijke leven. We zien het in 1 Johannes 1:7, waar staat: *Als wij* (voortdurend) *in het licht wandelen, zoals Hij in het licht is, hebben wij* (voortdurend) *gemeenschap met elkaar, en het bloed van Jezus Christus, Zijn Zoon, reinigt ons* (voortdurend) *van alle zonde.* Er is een voorwaarde aan dit vers verbonden. Gereinigd worden door het bloed is afhankelijk van het wandelen in het licht. Wandelen in het licht betekent wandelen in gehoorzaamheid aan het licht van Gods Woord, dat een lamp is voor onze voet en een licht op ons pad. (Zie Psalm 119:105.)

toegang tot het bloed van Jezus is afhankelijk van onze gehoorzaamheid

Onthoud alsjeblieft deze waarheid: toegang tot het bloed van Jezus is afhankelijk van onze gehoorzaamheid. Zodra we ongehoorzaam worden, verspelen we het recht op toegang tot het bloed, totdat we ons bekeren.

4. Het bloed van Jezus

Daarmee komen we bij het vierde aspect van Gods voorziening voor heiligheid, namelijk het bloed van Jezus. Laten we opnieuw kijken naar 1 Petrus 1:2. De Heilige Geest brengt ons tot gehoorzaamheid door Zijn heiligende werk, en door onze gehoorzaamheid bedient de Heilige Geest aan ons het bloed van Jezus. Het bloed van Jezus snijdt ons af van ons oude, zondige verleden en onze achtergrond. Zoals we in het volgende hoofdstuk verder zullen bespreken, komen we bij de 'bloedlijn' van het kruis. Bij het overschrijden van deze lijn stappen we *uit* het koninkrijk van satan, en *in* het koninkrijk van God in Christus. Dat is het punt van verandering.

We zullen nu eerst kijken naar twee andere Bijbelgedeelten die spreken over het heiligende bloed van Jezus. Het eerste is Hebreeën 10:29:

Hoeveel te zwaarder straf, (dan een overtreder onder de wet van Mozes) *denkt u, zal hij waard geacht worden die de Zoon van God vertrapt heeft en het bloed van het verbond, waardoor hij geheiligd was, onrein geacht heeft en de Geest van de genade gesmaad heeft?*

Dit Bijbelvers vertelt ons ten eerste dat de gelovige geheiligd is door het bloed van het verbond. Voor mij maakt dit vers ook duidelijk dat het mogelijk is om je heiliging te verliezen. Door een bewuste afwijzing van Jezus Christus en Zijn vergoten bloed, verlies je de heiliging die door het bloed beschikbaar is gemaakt.

Je zult je herinneren dat onder het oude verbond, tijdens de ceremonie van het paaslam, het bloed van het lam gestreken werd op de boven- en zijposten van de deur, maar niet op de drempel. Omdat dit bloed heilig was, was het niet toegestaan om er overheen te lopen. Bovenstaand vers beschrijft een hypothetische situatie, waarin iemand zich omkeert en opzettelijk Jezus Christus en zijn bloed vertrapt. Iemand die dat doet, heeft de 'Geest van genade' beledigd, wat betekent dat hij of zij opzettelijk de Heilige Geest heeft afgewezen en gekleineerd. Het is angstaanjagend dat zo iemand de grens heeft overschreden waar nog een mogelijkheid van bekering was.

Wat ik zojuist besproken heb, is duidelijk niet het hoofdthema van dit gedeelte. Maar de uitspraak in bovenstaand vers herinnert ons eraan dat we zeer voorzichtig moeten zijn in onze houding ten opzichte van het bloed van Jezus en de Heilige Geest. Als iemand ooit het bloed van Jezus als onwaardig of onheilig beschouwt, dan beledigt diegene daarmee de Heilige Geest. En omgekeerd, als iemand de Heilige Geest beledigt, dan verliest diegene het recht op toegang tot het bloed. Het bloed en de Geest zijn nauw met elkaar verbonden.

In Hebreeën 13:12 vinden we nog een Bijbelgedeelte over de heiligende werking van Jezus' bloed:

Daarom heeft ook Jezus, om door Zijn eigen bloed het volk te heiligen, buiten de poort geleden (aan het kruis).

Eén van de doelen van Jezus' dood aan het kruis was om het bloed dat Hij daar vergoot beschikbaar te maken, waardoor Gods volk geheiligd kon worden, apart gezet voor God en voor hun erfenis in Christus.

5. Het Woord van God

De volgende factor in het heiligingsproces is het Woord van God. Het Woord volgt het bloed. Een prachtig Bijbelgedeelte over de heiligende kracht van Gods Woord vinden we in Johannes 17. Hier staat het hogepriesterlijk gebed van Christus ten behoeve van Zijn discipelen en al Zijn volgelingen. Laten we een gedeelte van dit gebed lezen, voordat we komen bij het specifieke vers dat ik met je wil delen:

Ik bid niet dat U hen uit de wereld wegneemt, maar dat U hen bewaart voor de boze (de duivel). *Zij zijn niet van de wereld, zoals Ik niet van de wereld ben.* (Johannes 17:15-16)

De gelovige is *in* de wereld, maar niet *van* de wereld (zie ook vers 11 en 14). Als we ons voornamelijk fysiek afscheiden van de wereld, bijvoorbeeld door in een klooster te gaan of ons op te sluiten in een Bijbelschool, dan is dit probleem daarmee niet opgelost. Het is een geestelijk probleem en kan dus niet worden opgelost door slechts een lichamelijke afscheiding. Jezus gaf de oplossing in het volgende vers, wat deze prachtige woorden bevat:

Heilig hen door Uw waarheid; Uw Woord is de waarheid. (vers 17)

Let op, hier staat: Uw Woord is *de* waarheid, niet: uw Woord is waarheid. Zoals iemand ooit gezegd heeft: „Sommige dingen kunnen waar zijn, maar ze zijn niet *de* waarheid." Je hebt misschien kiespijn en hebt daar veel last van. Dat is waar. Maar het is niet *de* waarheid, want dat is: *door Zijn striemen is er voor ons genezing gekomen* (Jesaja 53:5).

Sommige dingen zijn *nu* waar, maar ze zullen veranderen. Maar wat waar is in het Woord van God, is de waarheid, en die verandert nooit. (Lees bijvoorbeeld Psalm 119:89 en 160.) En het is de waarheid van Gods Woord die de gelovige heilig maakt in Jezus Christus. Dit principe wordt ook genoemd in 2 Thessalonicenzen 2:13, het gedeelte dat ik eerder noemde en waarvan ik zei dat ik er regelmatig naar zou verwijzen:

dat God u van het begin verkoren heeft tot zaligheid, in heiliging door de Geest en geloof in de waarheid.

De Heilige Geest brengt je op het punt dat je Gods Woord gelooft als de waarheid, en dat is een volgend stadium van je heiliging. Ik denk dat het mooiste Bijbelgedeelte over de heiligende rol van het Woord Efeze 5:25-27 is. Dit gedeelte laat een vergelijking zien tussen de relatie tussen man en vrouw en de relatie tussen Christus en zijn bruid, de kerk:

Jezus verloste de Kerk opdat Hij haar zou heiligen

Mannen, heb uw eigen vrouw lief, zoals ook Christus de gemeente liefgehad heeft en Zich voor haar heeft overgegeven, opdat Hij haar zou heiligen, door haar te reinigen met het waterbad door het Woord, opdat Hij haar in heerlijkheid voor Zich zou plaatsen, een gemeente zonder smet of rimpel of iets dergelijks, maar dat zij heilig en smetteloos zou zijn.

Hier zien we de onderlinge relatie tussen het bloed en het Woord. We zien dat Christus de Kerk liefhad en zichzelf voor haar overgaf als het plaatsvervangende offer aan het kruis, Hij vergoot Zijn bloed (de prijs van verlossing) om de Kerk te verlossen. Maar Hij verloste de Kerk voor dit doel: *opdat Hij haar zou heiligen, door haar te reinigen met het waterbad door het Woord.*

Het is van vitaal belang dat we begrijpen dat verlossing door het bloed Gods toegangspoort is naar reiniging en heiliging door het water van het Woord. Het proces van heiliging is niet compleet als er alleen verlossing is door het bloed, het moet vervolmaakt worden door de voortdurende heiligende en reinigende werking van Gods Woord, in het leven van iedere gelovige. Het resultaat van deze twee werkingen vinden we in Efeze 5:27:

...opdat Hij haar in heerlijkheid voor Zich zou plaatsen, een gemeente zonder smet of rimpel of iets dergelijks, maar dat zij heilig en smetteloos zou zijn.

Ik ben diep overtuigd dat iedere gelovige die straks deel wil uit maken van de bruid van Christus (van de verheerlijkte Kerk die straks aan Jezus Christus wordt gepresenteerd), zich regelmatig moet onderwerpen aan de discipline, de reiniging en de heiliging door het Woord van God. De ervaring van het binnengaan in de verlossing door het kruis geeft op zichzelf niet voldoende voorbereiding voor de grote en glorieuze dag wanneer we worden voorgesteld aan Jezus Christus als Zijn reine, zuivere bruid, zonder smet of rimpel.

Het water van het Woord speelt een belangrijke rol in de voorbereiding voor dat grote moment. Ik zie dat vele gelovigen die denken dat ze gered zijn door het bloed, vervolgens erg gemakzuchtig en zorgeloos zijn in hun houding ten opzichte van de heiligende werking van Gods Woord in hun leven. Ik maak me ernstig zorgen over het feit dat vele christenen maar heel weinig aandacht geven aan de Bijbel.

Het zou best kunnen zijn dat de meerderheid van de christenen vandaag bijna nooit in de Bijbel leest. Ik denk dat slechts zeer weinigen ooit de hele Bijbel hebben doorgelezen. Als gevolg van deze magere voeding uit de Bijbel zijn ze zich niet bewust van vele Bijbelse waarheden en principes. Het is opwindend om de gaven van de Heilige Geest te hebben en manifestaties te zien van Gods kracht, maar die zijn geen vervanging voor de voeding die je nodig hebt uit Gods Woord en het kennen van Zijn beloften.

Ik moet zeggen, de beloften van de Bijbel zijn adembenemend. Bijvoorbeeld: *opdat u daardoor deel zou krijgen aan de Goddelijke natuur, nadat u het verderf, dat er door de begeerte in de wereld is, ontvlucht bent* (2 Petrus 1:4). Mag ik je vragen: Hoe zeer ervaar jij dat je deel hebt aan de Goddelijke natuur? In hoeverre ben jij ontkomen aan het verderf dat door de begeerte in de wereld heerst? Het is aan jou om deze vragen te beantwoorden. Ik kan ze niet voor je beantwoorden. Maar heilig zijn zoals God heilig is, zou de eerste en voornaamste focus moeten zijn in ons leven. En daarvoor is het reinigende, heiligende proces van Gods Woord in ons leven een vereiste.

Kijk nog eens naar het gedeelte in Efeze:

Mannen, heb uw eigen vrouw lief, zoals ook Christus de gemeente liefgehad heeft en Zich voor haar heeft overgegeven, opdat Hij haar zou heiligen, door haar te reinigen met het waterbad door het Woord. (Efeze 5:25-26)

Jezus maakt de Kerk tot hoe Hij het bedoeld heeft, door het waterbad van het Woord. Zonder dat kan de Kerk nooit worden zoals God het bedoeld heeft. Er is geen vervanging voor het Woord van God en het reinigende werk daarvan in ons leven. Laten we, bij het afsluiten van dit gedeelte, nog even kijken naar 1 Johannes 5: 6 en 8. Sprekend over Jezus zegt Johannes:

Hij is het Die kwam door water en bloed: Jezus, de Christus; niet door het water alleen, maar door het water en het bloed. En de Geest is het Die getuigt, omdat de Geest de waarheid is... En drie zijn er die getuigen op de aarde: de Geest, het water en het bloed; en deze drie zijn één.

Jezus kwam niet alleen als de leraar van het Woord (door water), maar ook als het plaatsvervangende offer (door bloed). Gods voorziening omvat zowel het bloed dat vloeide aan het kruis, als het reinigende water van het Woord. Als de gelovige eerst tot het bloed komt, en vervolgens tot het Woord, dan getuigt de Geest van God in het hart van de gelovige tot zowel het bloed als het Woord. In feite zegt vers 8 dat er drie getuigen zijn op aarde die getuigen van Jezus Christus en die als één geluid met Hem overeenstemmen. Deze drie getuigen van Jezus zouden aanwezig moeten zijn in het leven van elke gelovige: het getuigenis van het bloed, het getuigenis van het water en het Woord, en de Heilige Geest, die getuigt van het bloed en het Woord.

6. Ons geloof

In de laatste factoren die we in dit hoofdstuk behandelen, hebben te maken met welke rol *wij* moeten spelen in het ons eigen maken van de heiligende middelen waarin God heeft voorzien. We zagen tot nu toe de volgende aspecten: Jezus Christus, het kruis, de Heilige Geest, het bloed van Jezus en het Woord van God. Nu zijn we aangeland bij ons geloof en onze werken.

Alles waarin God heeft voorzien door Christus, moet de gelovige zich toe-eigenen door persoonlijk geloof. Ons geloof is het kanaal waardoor Gods genade en zegen in ons leven kan worden uitgestort. Als we dat kanaal van geloof niet open hebben staan en in de juiste richting gedraaid, dan kunnen we niet alle voorzieningen ontvangen die God voor ons beschikbaar heeft gemaakt.

laat niemand ooit zeggen dat de duivel geen macht heeft

We kijken naar twee Bijbelgedeelten die dit benadrukken. In de tweede helft van 2 Thessalonicenzen 2:13 staat:

...dat God u van het begin verkoren heeft tot zaligheid (dat is het doel van Gods keuze, redding), *in* (door twee processen:) *heiliging door de Geest en geloof in de waarheid.*

Er komt een moment in ons leven dat ons geloof de waarheid van Gods Woord moet vastgrijpen, om ons te kunnen laten binnengaan in de voorziening van heiligheid die God voor ons klaar heeft gemaakt.

Er is nog een ander prachtig vers dat hiermee te maken heeft: Handelingen 26:18. Ik kan dit nooit lezen zonder ontroerd te raken. God lijkt altijd persoonlijk tot mij te spreken door dit vers. De apostel Paulus spreekt hier over zijn roeping als Jezus' apostel voor de heidenen. Dit is hoe Jezus verwoordt waarom Paulus de opdracht krijgt om het evangelie te brengen aan de heidenen:

*om hun ogen te openen en hen te bekeren van de duisternis tot het licht en van
de macht van de satan tot God, opdat zij vergeving van de zonden ontvangen en
een erfdeel onder de geheiligden door het geloof in Mij.* (Handelingen 26:18)

Laat niemand ooit zeggen dat satan geen macht heeft. Dat zou een
heel onnozele en domme uitspraak zijn. De Bijbel vertelt ons dat satan
macht heeft. Maar door het evangelie kunnen onze ogen geopend
worden, en kunnen we ons bekeren van het duister naar het licht, van
de macht van satan naar de macht van God. Als we ons zo bekeren,
dan ontvangen we ten eerste vergeving van onze zonden. Dat is de
basis. De eerste vereiste is dat onze zonden vergeven worden, zodat
we geplaatst worden in een relatie met de almachtige God, zonder
de barrière van zonde. Ten tweede ontvangen we een 'erfdeel onder
degenen die door geloof in Hem geheiligd zijn'. Dat erfdeel is exclusief
gereserveerd voor diegenen die door hun geloof in Christus heilig
zijn gemaakt. Nog een ander geweldig Bijbelvers in dit opzicht is
Kolossenzen 1:12:

*Daarbij danken wij de Vader, Die ons bekwaam heeft gemaakt om deel te
hebben aan de erfenis van de heiligen in het licht.*

Deze erfenis is voor de heiligen, degenen die heilig gemaakt zijn door
hun geloof in Jezus Christus. Zoals Jezus zei tegen Paulus, heeft Hij de
intentie om Zijn erfdeel te geven aan diegenen die geheiligd zijn, apart
gezet voor God, door geloof in Hem.

7. Onze werken

Tot slot moet ons geloof tot uitdrukking komen in positieve actie.
Jacobus 2:26 zegt dat geloof zonder werken dood is. Geloof dat zichzelf
niet tot uiting brengt in actie, is dood. Deze zelfde waarheid wordt
specifiek gezegd over heiligheid, in 2 Korinthe 7:1, een tekst die we in
een eerder hoofdstuk al voorbij zagen komen:

*Omdat wij dan deze beloften hebben, geliefden, laten wij onszelf reinigen van alle
bezoedeling van vlees en geest, en de heiliging volbrengen in het vrezen van God.*

We zagen: de voorziening zit in de beloften. In dit gedeelte zegt Paulus dat in het licht van de voorziening die voor ons beschikbaar is gemaakt door de beloften, het aan ons is om in actie te komen. We moeten de beloften toepassen. We moeten onze voet zetten op het land van ons erfdeel. We moeten het voor onszelf innemen.

Paulus zei: *laten wij onszelf reinigen.* God gaat dat niet voor ons doen. Hij heeft het voor ons mogelijk gemaakt om dat te doen. Onthoud dat, als wij heilig willen zijn, we onszelf moeten reinigen van twee soorten van onreinheid: 1. de onreinheid van het vlees, de vleselijke zonden (zoals dronkenschap, immoraliteit, vuile taal, enzovoort); 2. de onreinheid van de geest, wat eigenlijk een nog veel gemenere vorm van onreinheid is: betrokkenheid bij de bovennatuurlijke realiteit van satan, het occulte. Die onreinheid betreft degenen die binnentreden in verboden gebied, met dingen zoals ouija borden, waarzeggerij, horoscopen, astrologie, seances, valse profetieën en allerlei Oosterse cults en filosofieën. Al dit soort praktijken veroorzaken onreinheid van de geest.

> **God werkt in jou – en dan moet jij het zelf uitwerken**

Laten we kijken naar nog een Bijbelgedeelte dat van toepassing is op Gods voorziening voor ons, met betrekking tot de noodzaak om te reageren op zijn initiatief in elk gebied van ons christelijk leven:

Daarom, mijn geliefden, zoals u altijd gehoorzaam geweest bent, niet alleen zoals in mijn aanwezigheid, maar nu veelmeer in mijn afwezigheid, werk aan uw eigen zaligheid met vrees en beven, want het is God, Die in u werkt zowel het willen als het werken, naar Zijn welbehagen. (Filippenzen 2:12-13)

God werkt in jou, vervolgens moet jij het zelf uitwerken. Als jij niet uitwerkt wat God in jou werkt, dan zal God niet verder kunnen met in jou te werken.

Er zijn in dit hoofdstuk heel veel principes en waarheden voorbij gekomen die je kunt toepassen. Waarom vraag je de Heer niet om je te helpen deze toe te passen in je leven? Je kunt dat doen door het volgende gebed te bidden:

Vader, ik prijs U en dank U dat U bij me was terwijl ik dit hoofdstuk doorlas. Ik dank U voor de volheid en volkomenheid van uw voorziening, zoals ik die leer uit uw Woord. Ik bid, Heer, dat ik niet lui of achteloos of onachtzaam ben in het gebruik maken van uw voorziening. Help me alstublieft om trouw te zijn en ijverig, om mijzelf de heiligheid eigen te maken die U voor mij beschikbaar heeft gemaakt, zodat U mij reinigt van alle onreinheid van het vlees en van de geest. Dat bid ik in Jezus naam. Amen.

112

HOOFDSTUK 13

HOE HEILIGHEID IN ONS BEWERKT WORDT

In dit hoofdstuk zullen we zien hoe de zeven aspecten van Gods voorziening voor heiligheid, zoals de Bijbel die openbaart, daadwerkelijk worden uitgewerkt in ons leven, en hoe we op elk van die aspecten moeten reageren. Met andere woorden, hoe passen we de waarheid toe van alles wat we tot nu toe ontdekt hebben op een praktische, ervaringsgerichte manier?

De werkwijze van God de Vader in de eeuwigheid

We kijken allereerst naar een gedeelte uit de eerste brief van Petrus, waar we al eerder naar hebben gekeken. Hij beschrijft christenen als volgt:

Aan de (...) uitverkorenen naar de voorkennis van God, de Vader, in heiliging door de Geest, tot gehoorzaamheid en besprenging met het bloed van Jezus Christus. (1 Petrus 1:1-2 NBG)

Eerder liet ik door dit vers zien dat de eerste dynamiek die we tegenkomen Gods voorkennis is in de eeuwigheid. Op basis van zijn voorkennis, koos God ons in de eeuwigheid. Dit gebeurde allemaal voordat de tijd zelfs maar begon. Ik heb er geen probleem mee om te geloven dat God alles van tevoren weet. En als Hij alles van tevoren weet, dan is het logisch dat Hij ook van tevoren keuzes maakt op basis van wat Hij al weet. Dat is wat de Bijbel ons leert. Voor een ander Bijbelgedeelte over dit onderwerp gaan we naar het boek Efeze.

Gezegend zij de God en Vader van onze Heere Jezus Christus, Die ons gezegend heeft met alle geestelijke zegen in de hemelse gewesten in Christus, omdat Hij ons vóór de grondlegging van de wereld (dit gebeurde dus allemaal voordat de tijd begon) *in Hem uitverkoren heeft, opdat wij heilig en smetteloos voor Hem zouden zijn in de liefde.* (Efeze 1:3-4)

Zijn keuze voor ons is om heilig te zijn. Met andere woorden, zijn keuze is het begin van onze heiligheid. Het volgende vers zegt dit over God:

Hij heeft ons voorbestemd om als Zijn kinderen aangenomen te worden, door Jezus Christus, in Zichzelf, overeenkomstig het welbehagen van Zijn wil. (vers 5)

In bovenstaande verzen vinden we twee gebeurtenissen die hebben plaatsgevonden in de eeuwigheid. 1. God koos, en 2. Hij bestemde voor. Naast deze feiten hebben we ook de waarheid die we al ontdekten in 1 Petrus 1:2. Hij kende ons al van tevoren. Dus nu hebben we drie opeenvolgende feiten: God had voorkennis, Hij koos, Hij bestemde voor. Het woord *voorbestemmen* geeft aan dat God de omstandigheden van ons leven regelde op zo'n manier dat Zijn doelen tot vervulling zouden kunnen komen. Dit wordt versterkt door het onderwijs uit Romeinen 8. We richten ons allereerst op vers 29:

Gods keuze,
Zijn uitverkiezen,
is niet willekeurig

Want hen die Hij (God) van tevoren gekend heeft, heeft Hij er ook van tevoren toe bestemd om aan het beeld van Zijn Zoon gelijkvormig te zijn, opdat Hij (de zoon, Jezus) de Eerstgeborene zou zijn onder vele broeders (wij zijn de broeders).

We zien hier opnieuw dat God voorkennis had, en daarna voorbestemde. Als we deze drie gedeelten bij elkaar leggen, dan zien we hetzelfde duidelijke beeld van Gods werkwijze in de eeuwigheid. God de Vader doet drie dingen: 1) Hij heeft voorkennis, 2) Hij kiest, en 3) Hij bestemt voor.

Het woord *voorbestemmen* strijkt sommige mensen tegen de haren in. Ze houden niet van deze term, omdat het wordt geassocieerd met een heel smalle visie op heilige uitverkiezing die niet Bijbels is. Het is belangrijk om vast te stellen dat Gods keuze, Zijn uitverkiezen, niet willekeurig is. Het is niet onredelijk; het is niet oneerlijk. God kiest ons op basis van Zijn voorkennis over ons. Hij weet hoe we zullen gaan reageren op de situaties waarin Hij ons zal plaatsen, en Hij weet hoe we zullen reageren op de roep van het evangelie wanneer we die horen.

Al deze gebeurtenissen vinden plaats in de eeuwigheid, en het is in wezen het voorrecht van God de Vader om deze stappen te nemen. (Merk alsjeblieft op dat ik niet impliceer dat de Zoon en de Geest niet betrokken zijn bij dit proces, want dat zijn ze natuurlijk wel.)

De werkwijze van de Heilige Geest in de tijd

Nu zullen we kijken naar de werkwijze van God (met name door de Heilige Geest) in de tijd. De Heilige Geest heiligt. In deze context betekent het woord heiliging als een werking van de Heilige Geest: 'tot zich trekken, afzonderen, en openbaren.' We gaan terug naar 1 Petrus 1:2, een sleutelvers voor al dit onderwijs over heiligheid:

...uitverkoren overeenkomstig de voorkennis van God de Vader, door de heiliging van de Geest, tot gehoorzaamheid en besprenkeling met het bloed van Jezus Christus: moge genade en vrede voor u vermeerderd worden.

Merk op waar de heiligende werking van de Heilige Geest in de context geplaatst wordt. Eerst lezen we: *uitverkoren overeenkomstig de voorkennis van God de Vader* (God wist het van tevoren, God koos) *door de heiliging van de Geest* (de Heilige Geest). Het is door een heiligende werking dat de Heilige Geest ons brengt naar een plaats van gehoorzaamheid aan het evangelie, en door gehoorzaamheid naar de besprenkeling met het bloed van Jezus. We zijn gegaan van de werkwijze van God de Vader in de eeuwigheid, naar het heiligende werk van de Geest in de tijd, tot zich trekkend, apart zettend, en openbarend. Laten we nu teruggaan naar 2 Thessalonicenzen 2:13:

Maar wij moeten God altijd voor u danken, broeders, die geliefd bent door de Heere, dat God u van het begin verkoren heeft tot zaligheid, (het einde van Gods keuze is redding) *in heiliging door de Geest.*

Paulus begint zijn verklaring in bovenstaand vers met een uitspraak over de keuze van God. Gods voorkennis heeft invloed op die keuze, hoewel dat hier niet specifiek vermeld staat. Opnieuw zien we: de middelaar die ons naar redding brengt is de Heilige Geest, door Zijn heiligende werking. Hij brengt ons naar de plaats waar we de waarheid van het evangelie aannemen, eraan gehoorzamen, en de redding binnen gaan. Een belangrijk aspect dat we daarom moeten begrijpen, is dat het werk van de Heilige Geest begint nog voordat we het evangelie geloven en bewust redding ontvangen.

Gods werk in de levens van Paulus en Jeremia

Het is leerzaam voor ons om te kijken naar twee opmerkelijke uitspraken over twee grote mannen in de Bijbel: Paulus en Jeremia. De eerste staat in Galaten 1:15 waar Paulus over zichzelf zegt: *Maar toen het God, Die mij vanaf de schoot van mijn moeder heeft afgezonderd en geroepen door Zijn genade...* Paulus zegt dat hij vanaf de schoot van zijn moeder was afgezonderd... Vanaf het moment van Paulus' geboorte begon God hem apart te zetten voor zijn speciale doelen. Toch was Paulus een aantal jaren de leider van de christenvervolging. Gedurende die tijd was Paulus zich niet bewust van redding, want hij had Jezus Christus niet erkend. Hij werkte het evangelie zelfs openlijk tegen. Maar toch was de Heilige Geest al die tijd aan het bewegen in zijn leven, om hem af te zonderen en om hem te brengen naar de plaats waar de bestemming voor zijn leven zoals God die bedoeld had, vervuld kon worden.

De profeet Jeremia zei iets vergelijkbaars over zichzelf in Jeremia 1:4-5:

Het woord van de HEERE kwam tot mij: Voordat Ik u in de moederschoot vormde, heb Ik u gekend; voordat u uit de baarmoeder naar buiten kwam, heb Ik u geheiligd. Ik heb u aangesteld tot een profeet voor de volken.

Zie je dat de bestemming van Jeremia al vaststond toen hij nog in de baarmoeder van zijn moeder was? God vertelde Jeremia dat Hij hem al kende nog voordat hij gevormd was in de baarmoeder. En *voordat* Jeremia geboren werd, heiligde God hem en zette hem apart voor het doel dat Hij met zijn leven had, namelijk om een profeet voor de volken te zijn. God zegt in verband met dat doel: 'Ik heb je aangesteld.'

Gods bestemming voor Jeremia begon dus al toen hij nog in de baarmoeder van zijn moeder was. Maar op het moment dat God tot hem sprak, zei Jeremia in feite: 'Heer, roep mij niet. Ik kan geen profeet zijn. Ik ben te jong.' (zie vers 6). Jeremia was zich niet bewust van de Goddelijke bestemming die was begonnen te werken in zijn leven, zelfs al van voor zijn geboorte. In eerste instantie was hij dus zelfs onwillig om Gods bestemming voor zijn leven te aanvaarden.

vanaf hun geboorte zette God Paulus en Jeremia apart voor zijn doel

In de levens van zowel Paulus als Jeremia zien we dat het heiligende werk van de Geest al begint nog voordat we ons bewust worden van redding, of van enige vorm van acceptatie door onze wil van Gods bestemming en plan voor ons leven.

Bewust van Gods tussenkomst

Nu we Gods werkwijze hebben gezien, eerst in de eeuwigheid en daarna in de tijd, komen we bij het punt dat God daadwerkelijk ingrijpt in onze bewuste ervaring. We zien die tussenkomst als we weer even teruggaan naar wat Paulus schreef in 2 Thessalonicenzen 2:

Maar wij moeten God altijd voor u danken, broeders, die geliefd bent door de Heere, dat God u van het begin verkoren heeft tot zaligheid, in heiliging door de Geest en geloof in de waarheid. Daartoe heeft Hij u geroepen door ons Evangelie om de heerlijkheid van onze Heere Jezus Christus te verkrijgen. (2 Thessalonicenzen 2:13-14)

En in het boek Romeinen lezen we iets soortgelijks:

Want hen die Hij van tevoren gekend heeft, heeft Hij er ook van tevoren toe bestemd om aan het beeld van Zijn Zoon gelijkvormig te zijn, opdat Hij de Eerstgeborene zou zijn onder vele broeders. En hen die Hij er van tevoren toe bestemd heeft, die heeft Hij ook geroepen, en hen die Hij geroepen heeft, die heeft Hij ook gerechtvaardigd, en hen die Hij gerechtvaardigd heeft, die heeft Hij ook verheerlijkt. (Romeinen 8:29-30)

Deze gedeelten beschrijven Gods tussenkomst in de tijd - in onze persoonlijke, bewuste ervaring. We horen het evangelie fysiek tot ons gesproken worden, en, terwijl het Woord van God gepredikt wordt, horen we geestelijk de roep van de almachtige God. Dit is de waterscheiding tussen onze menselijke ervaring en werkelijkheid, en Gods bovennatuurlijke werkelijkheid.

Bij deze laatste opmerking moet ik altijd denken aan de keer dat ik in Colorado was, in de stad Denver. Een groep mensen had me meegenomen op een uitstapje naar de oostelijke zijde van de Rocky Mountains. Ze wezen een beetje verder naar het Westen en zeiden: 'Daar begint het stroomgebied van het Noord-Amerikaanse continent, dus de bergkam is de 'waterscheiding'.' Op dat moment kreeg ik een levendig beeld van wat het woord waterscheiding betekent.

Ik dacht aan twee sneeuwvlokken die uit de hemel naar beneden kwamen en die precies op dit stroomgebied landden. In gedachten zag ik er één op de westelijke berghelling van de Rocky Mountains belanden, en één op de oostelijke. Tijdens hun val uit de hemel waren ze misschien slechts enkele centimeters van elkaar gescheiden, maar hun uiteindelijke bestemming zou totaal anders zijn. De sneeuwvlok die viel op de westelijke helling zou smelten, naar beneden stromen en eindigen in de Grote Oceaan, terwijl de vlok die landde op de oostelijke helling waarschijnlijk in de Golf van Mexico of de Atlantische Oceaan terecht zou komen. Er zou een verschil van duizenden kilometers zijn in hun uiteindelijke bestemming. Maar in het begin was het verschil misschien maar een paar centimeter.

Dat is de waterscheiding, de scheidslijn tussen twee stroomgebieden. En dat is ook wat het Kruis is. Het is de waterscheiding van ieder menselijk leven. Het is de beslissende scheidslijn, het punt waar onze bestemmingen worden bepaald in de praktijk van ons leven. Er is een belangrijk moment van beslissing waarin we ja of nee zeggen tegen de roep van God en de aanspraak van Jezus Christus. Paulus spreekt over dit moment in 1 Korinthe:

Want het woord van het kruis is voor hen die verloren gaan wel dwaasheid, maar voor ons die behouden worden, is het een kracht van God. (1 Korinthe 1:18)

Begrijp goed dat de boodschap van het Kruis nooit verandert. Het is onze reactie die onze bestemming bepaalt. Als we het Kruis aannemen en ons eraan onderwerpen, dan gaan we de redding binnen. Als we het weigeren en afwijzen, dan gaan we verloren. Nogmaals, de scheiding ligt bij het Kruis, het beslissingspunt van het stroomgebied, het meest vitale moment van beslissing en bestemming in een mensenleven. Paulus brengt dit waterscheidingsmoment op een andere manier onder woorden in Filippenzen 3:12:

Niet dat ik het al verkregen heb of al volmaakt ben, maar ik jaag ernaar om het ook te grijpen. Daartoe ben ik ook door Christus Jezus gegrepen.

Ik hou van dat woord 'gegrepen'. Het gaat zeker op voor mijn persoonlijke ervaring. *Gegrepen* suggereert de grote hand van de almachtige God, die naar beneden reikt en op een zeker moment ingrijpt in een mensenleven. Dat is het keuzemoment. Het moment van bestemming. Het moment van de roeping. Gods hand reikt naar beneden vanuit de hemel en grijpt iemand voor een doel dat Hij vanuit de eeuwigheid gepland heeft, maar slechts geleidelijk openbaart Hij dat plan terwijl de persoon zich overgeeft aan Zijn roep. Na zo'n moment zal dat mensenleven nooit meer hetzelfde zijn.

Laten we samenvatten wat we tot nu toe in dit hoofdstuk bestudeerd hebben en het plaatsen in context. Ten eerste, de Vader heeft voorkennis, kiest en bestemt voor. Al deze handelingen vinden plaats in de eeuwigheid. Dan komt de Heilige Geest om de keuze en bestemming van de Vader uit te werken. Deze handelingen vinden plaats in de tijd. Het is door de heiliging van de Geest dat Gods plannen tot uitwerking komen in ons leven. Het heiligende werk van de Heilige Geest heb ik opgesplitst in drie handelingen: tot zich trekken, apart zetten, openbaren. Dat is hoe ik heiliging opvat. In Johannes 6:44 zei Jezus:

Niemand kan tot Mij komen, tenzij de Vader, Die Mij gezonden heeft, hem trekt; en Ik zal hem doen opstaan op de laatste dag.

Het initiatief ligt bij God, niet bij de mens. Niemand komt tot Jezus door zijn eigen initiatief. Het initiatief ligt bij God de Vader. Jezus bevestigde deze waarheid in Johannes 15:16:

Niet u hebt Mij uitverkoren, maar Ik heb u uitverkoren, en Ik heb u ertoe bestemd...

Zorg dat je hierover nooit misleid wordt. Het initiatief tot redding ligt bij God, niet bij de mens. Alles wat de mens kan doen is reageren op Gods keuze, als het aan hem wordt geopenbaard. Dus, de Heilige Geest trekt tot zich. En door te trekken, zet Hij apart. En in dat apartzetten brengt Hij ons op het punt van openbaring.

het initiatief tot redding ligt niet bij de mens maar bij God

De koers van je leven zou in iedere denkbare richting hebben kunnen lopen als de Heilige Geest niet was begonnen te bewegen. Maar toen de Heilige Geest over jou bewoog, begon Hij je in een andere richting te trekken dan die je eigenlijk zou zijn ingeslagen. Terwijl Hij je in die richting trok, begon Hij je af te zonderen van de koers die je eerst gevolgd zou hebben. En toen bracht Hij je op een specifieke plaats, de prediking van het Kruis. Je hoorde het evangelie tot jou gesproken worden of je las het in het Woord van God.

Een nieuwe richting

De binnenkomst van de Heilige Geest in ons leven kan soms nauwelijks waarneembaar zijn, vrijwel niet herkend, en meestal niet begrepen. Maar Hij trekt ons in een nieuwe richting. Ik kan me nog heel duidelijk herinneren hoe dit begon te gebeuren in mijn eigen leven. Alle bezigheden die eerst zo ongelooflijk opwindend en aantrekkelijk voor me waren, verloren hun aantrekkingskracht. Ik begreep er niks van.

Ik ging naar dansfeesten, waar ik eerst erg van hield, en drinkfeesten, en viel prompt om middernacht in slaap. Ik dacht dat ik voortijdig oud werd. Maar achteraf zie ik: de Heilige Geest was toen al begonnen om mij af te zonderen. Al deze genoegens, dit amusement, deze activiteiten, werden zo vreemd en afstandelijk voor me. Later dacht ik: 'Hoe zou ik ooit plezier gehad kunnen hebben in dat soort dingen?' Op dat moment wist ik nog niets over redding. Ik kende nog geen andere manier van leven. Ik dacht alleen: 'Het leven verliest zijn echte betekenis. Ik heb mijn gevoel voor plezier verloren. Ik heb er lang niet meer zoveel zin in als ik eerst had.'

Toen kwam er een moment waarop ik geconfronteerd werd met de prediking van het Kruis. Voor mij gold dat niemand het mij hoefde te vertellen. Ik wist heel duidelijk dat ik een keuze moest maken. Ook wist ik dat ik niet het recht had te verwachten dat God me een tweede kans zou geven. Wat ben ik God dankbaar, dat ik door de goddelijke tussenkomst van de Heilige Geest, antwoord gaf.

Eerder schreef ik al hoe ik het evangelie voor het eerst hoorde in een Pinkstergemeente, en hoe ik, nadat er een oproep was gedaan, geen idee had waar ze het over hadden. Ik zat daar in stilte, me afvragend wat er zou gaan gebeuren. Ze zeiden: "Iedereen die wil (wat het ook was dat ik niet begreep...) steek je hand op." Er waren twee onhoorbare stemmen die tegen me spraken. De ene zei: 'Als je nu je hand opsteekt, als soldaat in uniform tussen al deze oude dametjes, dan sta je flink voor gek.' Tegelijkertijd zei een andere stem: 'Als dit iets goeds is, waarom zou jij het dan niet ontvangen?' Ik was verlamd, niet in staat om op één van beide stemmen te reageren. Maar terwijl ik daar zat in die stilte, vond er een wonder plaats. De Heilige Geest bewoog mijn arm daadwerkelijk voor mij omhoog. Geschokt en verrast realiseerde ik me dat mijn arm omhoog gegaan was terwijl ik dat niet zelf had gedaan. Dat is volgens mij trouwens het uiterste wat de Heilige Geest kan doen. Hij kan je een klein zetje geven, maar het bleef mijn keuze om het te laten gebeuren of om mijn hand weer naar beneden te doen... uiteindelijk zul je zelf de beslissing moeten nemen.

Twee avonden later was ik aanwezig in een andere dienst. Ik begreep nog steeds niet veel van het evangelie, maar toen ze de oproep deden, dacht ik bij mezelf: "Vorige keer deed iemand anders het voor mij. Ik kan niet verwachten dat dat nog een keer gebeurt. Dus die keer deed ik zelf mijn arm omhoog. Ik werd op dat moment niet gered, want ik was al gered, maar ik nam de persoonlijke verantwoording voor die beslissing.

De Heilige Geest zal je zo ver brengen als Hij kan. Hij trekt je zo dichtbij als mogelijk is. Maar uiteindelijk moet je zelf een persoonlijke keuze maken om de redding door Jezus Christus te ontvangen.

Steek over
In reactie op de proclamatie van het evangelie neem jij je beslissing. Je bestemming wordt bepaald door die reactie. Het Kruis is wat ik noem de waterscheiding, of ook wel de 'bloedgrens', omdat Jezus' bloed het grote verschil maakt. Als je nadert tot het Kruis, je eraan overgeeft, Jezus Christus erkent en voor Hem buigt, dan steek je de bloedgrens over. Dan ga je over van het territorium van de satan naar het territorium van God. Je stapt over in de *erfenis van de heiligen in het licht* (Kolossenzen 1:12). Nogmaals, de waterscheiding is het Kruis. De scheidslijn is de grens die gemaakt is door het vergoten bloed van Jezus.

We begrijpen nu dat het heiligende werk van de Heilige Geest al lang bezig is. Al voordat je gered werd, zelfs voor je je bewust werd van Gods plan, trok Hij jou uit de menigte, uit de massa's mensen die niet zullen luisteren of reageren. Hij zette jou apart. Je leven begint een andere koers te volgen. Hij brengt je naar de plaats waar Hij je ogen opent om Jezus en het Kruis te zien. Dan moet je reageren, want vanaf dat moment is er geen neutraliteit meer. Je kiest *of* de zijde van God, *of* die van satan.

Als je je overgeeft aan het Kruis, als je het evangelie gehoorzaamt, dan stap je over de bloedgrens. Mag ik je nu vragen: Heb jij die stap genomen? Ben je de bloedgrens overgestoken? Als je dat niet hebt gedaan en je zou het wel willen doen, bid dan alsjeblieft dit eenvoudige gebed van toewijding:

Heer Jezus Christus, ik geloof dat U de zoon van God bent en dat U de enige weg bent tot God. U stierf aan het Kruis voor mijn zonden, en U stond op uit de dood. Ik heb nu spijt van al mijn zonden. Ik vraag U mij te vergeven, mij te reinigen door uw kostbare bloed. Ik open mijn hart voor U, Heer Jezus. Ik nodig U binnen. Door eenvoudig geloof ontvang ik U nu als mijn redder, en ik belijd dat U mijn Heer bent. Kom in mijn hart. Geef me eeuwig leven. Maak mij een kind van God. Dank U, Heer. Amen.

Het is geweldig dat je deze stap genomen hebt. Houd echter in gedachten dat het heiligende werk van de Heilige Geest nog niet compleet is. Zoals we zullen zien, gaat Hij door met heiligen, ook na de redding.

HOOFDSTUK 14

HET BLOED EN HET WOORD

We hebben nu gezien hoe God ingrijpt om ons leven te sturen in de eeuwigheid en in de tijd. Ook zagen we hoe de Heilige Geest ons helpt om tot bij de bloedgrens te komen, zodat we die kunnen oversteken. Nu gaan we kijken naar de toepassing van het bloed en de voortdurende wassing met het water van het Woord. De eerste Bijbeltekst die we hiervoor zullen bestuderen is 1 Petrus 1:2, waar je inmiddels al heel vertrouwd mee bent:

...uitverkoren overeenkomstig de voorkennis van God de Vader, door de heiliging van de Geest, tot gehoorzaamheid en besprenkeling met het bloed van Jezus Christus: moge genade en vrede voor u vermeerderd worden.

Het bloed wordt niet toegepast in ons leven voordat we gehoorzamen, voordat wij ons onderwerpen en ons overgeven aan de aanspraak die God op ons maakt. Maar als we gehoorzamen, dan zal de Heilige Geest, die de beheerder is van het bloed van Jezus, ons besprenkelen, en we zullen gereinigd worden en apart gezet voor God.

Ons erfdeel binnengaan

Als we de bloedgrens oversteken, dan stappen we ons erfdeel in Jezus Christus binnen. Laten we nog eens bekijken wat Jezus zei dat Paulus zou doen voor de heidenen, terwijl hij het evangelie aan hen predikte: *om hun ogen te openen en hen te bekeren van de duisternis tot het licht en van de macht van de satan tot God, opdat zij vergeving van de zonden ontvangen en een erfdeel onder de geheiligden door het geloof in Mij.* (Handelingen 26:18)

Onze zonden zijn vergeven door het bloed van Jezus. Als onze zonden vergeven zijn door het bloed, dan gaan we over naar het erfdeel van hen die geheiligd zijn door geloof in Jezus Christus. Ook andere Bijbelgedeelten volgen dit spoor van het erfdeel. Efeze 1:7, 11 bijvoorbeeld:

In Hem hebben wij de verlossing, door Zijn bloed, namelijk de vergeving van de overtredingen, overeenkomstig de rijkdom van Zijn genade (...) In Hem zijn wij ook een erfdeel geworden (KJV: ...hebben ook wij een erfdeel ontvangen), wij, die daartoe voorbestemd waren, naar het voornemen van Hem Die alle dingen werkt overeenkomstig de raad van Zijn wil.

Als we vergeving van onze zonden ontvangen, dan hebben we verlossing en we hebben een erfdeel in Christus verworven. Door de kracht van Jezus' bloed zijn we uit het territorium van satan gehaald en overgeplaatst in het territorium van Christus. Kolossenzen laat deze waarheid zien:

Daarbij danken wij de Vader, Die ons bekwaam heeft gemaakt om deel te hebben aan de erfenis van de heiligen in het licht. Hij heeft ons getrokken uit de macht van de duisternis en overgezet in het Koninkrijk van de Zoon van Zijn liefde. (Kolossenzen 1:12-13)

Ook hier zien we dat het bloed de grens is tussen donker en licht, tussen de macht van satan en de macht van God. Door het bloed heeft God ons bekwaam gemaakt om *deel te hebben aan de erfenis van de heiligen in het licht.*

Volkomen overplaatsing door het bloed

Als het bloed van Jezus wordt toegepast in ons leven, dan worden we op dat moment overgeplaatst. We worden volkomen overgezet, naar geest, ziel en lichaam, uit het territorium van satan en in het territorium van Christus. Het woord 'overplaatsing' geeft een totale verandering weer. In het Oude Testament lezen we over twee mannen die op een unieke wijze werden overgeplaatst: Henoch en Elia. Elk van hen werd volkomen overgeplaatst; geest, ziel en lichaam. Zij werden overgeplaatst naar de hemel, zonder te sterven. Alles wat Elia achterliet was zijn mantel, zodat zijn opvolger, Elisa, die kon oppakken. Als Kolossenzen 1:13 zegt dat we zijn overgezet, dan betekent het dat onze totale persoonlijkheid door goddelijke werking verplaatst is vanuit satans territorium in *het Koninkrijk van de Zoon van Zijn liefde.*

De scheidslijn tussen deze twee gebieden is de plaats waar het bloed wordt toegepast. Het Kruis beëindigt de autoriteit van satan over ons leven en brengt ons vanuit zijn koninkrijk van haat en duisternis naar het koninkrijk van Jezus Christus, wat een koninkrijk van liefde is.

Hij heeft ons getrokken uit de macht van de duisternis en overgezet in het Koninkrijk van de Zoon van Zijn liefde. In Hem hebben wij de verlossing door Zijn bloed, namelijk de vergeving van de zonden.
(Kolossenzen 1:13-14)

het Kruis beëindigt de autoriteit van satan over ons leven

Wat een geweldige, weergaloze stelling! Jij en ik zijn uit de macht van de duisternis getrokken en overgezet in het Koninkrijk van de Zoon van Zijn liefde.

Voortdurende reiniging door het Woord

De toepassing van het bloed is een sleutelmoment in onze overgang naar het koninkrijk van God. Deze waarheid kan niet teveel worden benadrukt. Maar we zagen al eerder, er is nog een belangrijke factor in ons voortgaande proces van heiliging. Na de toepassing van het bloed, komen we terecht in de voortdurende reiniging met het water van het Woord. Dit belangrijke principe vinden we in het boek Efeze:

zoals ook Christus de gemeente liefgehad heeft en Zich voor haar heeft overgegeven, opdat Hij haar zou heiligen, door haar te reinigen met het waterbad door het Woord... (Efeze 5:25-26)

Jezus verloste alle gelovigen door Zijn bloed, zodat Hij hen vervolgens zou kunnen heiligen met de reiniging van het waterbad van Zijn Woord. Hij verloste hen met een specifiek doel, dat we vinden in vers 27:

...opdat Hij haar in heerlijkheid voor Zich zou plaatsen, een gemeente zonder smet of rimpel of iets dergelijks, maar dat zij heilig en smetteloos zou zijn.

de heiligheid van de Kerk wordt niet alleen bereikt door de verlossing door het bloed

Zoals we eerder zagen, wordt de heiligheid van de Kerk niet alleen bereikt door de verlossing door het bloed. Het is door verlossing door het bloed van Christus, met als gevolg de voortdurende reiniging door het water van het Woord.

Het wasvat: Een Oudtestamentische parallel met het reinigen door het Woord

Dit wassen en reinigen is prachtig geïllustreerd in het Oude Testament door een specifiek onderdeel van de tabernakel, de plaats waar de Israëlieten God aanbaden voordat de tempel werd gebouwd. Dat onderdeel is het wasvat. Het wasvat is een vat dat gebruikt werd om water in te doen voor reinigingen die onderdeel waren van de priesterlijke taken.

Alles in de tabernakel representeert op de één of andere manier Jezus Christus, het leven als christen en Gods voorziening voor ons. Daarom wordt er in het Oude Testament zoveel aandacht gegeven aan de tabernakel. Er zijn ongeveer veertig hoofdstukken die er over gaan. Twee maal wordt een complete lijst gegeven met alle onderdelen in de tabernakel en de relatie tussen deze onderdelen met betrekking tot elkaar, evenals allerlei andere details. De tabernakel is daarom uitermate belangrijk, en vormt één van de belangrijkste instrumenten van het onderwijs over Jezus en het leven als Zijn discipel.

Voor een deel kunnen we dit grote belang zien in Exodus 30:

En de HEERE sprak tot Mozes: U moet vervolgens een koperen wasvat maken, met een bijbehorend koperen voetstuk, voor het wassen. En u moet het plaatsen tussen de tent van ontmoeting en het altaar, en er water in doen, zodat Aäron en zijn zonen hun handen en voeten met water daaruit kunnen wassen. Wanneer zij de tent van ontmoeting binnengaan, moeten zij zich met water wassen, opdat zij niet sterven. Of wanneer zij tot het altaar naderen om dienst te doen door een vuuroffer voor de HEERE in rook te laten opgaan, moeten zij hun handen en voeten wassen, opdat zij niet sterven. Dit is een eeuwige verordening voor hen, voor Aäron en zijn nageslacht, al hun generaties door. (Exodus 30:17-21)

Het is belangrijk om te zien dat er voor de priester een dubbele voorziening was: het offeraltaar en het wasvat met schoon water. Alleen via die dubbele voorziening kon de priester de heiligheid bereiken die nodig was om zijn geestelijke taak te volbrengen. Hetzelfde principe geldt ook voor ons geestelijk leven.

Degenen die de tabernakel naderden, kwamen binnen via de poort van de voorhof. Het eerste voorwerp waar ze mee geconfronteerd werden, wat ze niet konden passeren omdat het duidelijk in de weg stond, was het offeraltaar, met brons overtrokken en besprenkeld met het bloed van de geofferde dieren. Deze plaatsing symboliseert dat niemand God kan naderen behalve op basis van de dood van Jezus aan het Kruis. Geen zondaar kan God naderen zonder een verzoenend offer. En het enige offer dat aanvaardbaar is voor God, is de vervanger van de zondaar, Jezus, die Zijn bloed liet vloeien en Zijn leven voor ons opgaf. Dus de eerste geweldige waarheid in de tabernakel wordt getoond door dit altaar, wat spreekt van het bloed. Het bloed verzoent de zondaar met God en zet dan de zojuist verzoende apart. Het plaatst hem uit satans koninkrijk in het territorium van God.

Voordat de priester van het altaar naar de tabernakel kon gaan, moest hij langs het bronzen wasvat. Als je de hierboven genoemde tekst goed leest, dan zie je dat hij nooit langs de ene of de andere kant naar binnen mocht gaan zonder te stoppen om zowel zijn handen als zijn voeten te wassen in het wasvat. Het wasvat was een onvervangbaar onderdeel van Gods voorziening voor de priester.

Het wasvat symboliseert het Woord van God, wat ons reinigt en transformeert. Als we Gods Woord overdenken en het gehoorzamen, dan zullen we steeds meer veranderen, in karakter, in houding, in standpunten, maar ook in ons dagelijkse gedrag en houding.

God zei dat de priester zou sterven als hij het wassen in het wasvat zou overslaan. We benadrukken vaak hoe essentieel het bloed is, maar als het water niet werd toegepast, dan was de straf daarop de dood. Ik kan geen sterkere manier bedenken om het absolute, vitale belang te benadrukken dat christenen niet alleen mogen vertrouwen op het bloed van Jezus voor verlossing, maar dat ze zich ook moeten overgeven aan het Woord van God voor hun voortdurende en toenemende reiniging en heiliging.

Een aspect van het oudtestamentische beeld van het wasvat dat voor mij echt is gaan leven vinden we in de aanwijzingen voor het wasvat waar we eerder naar keken.

En de HEERE sprak tot Mozes: U moet vervolgens een koperen wasvat maken, met een bijbehorend koperen voetstuk, voor het wassen. (Exodus 30:17-18)

Mijn uitleg van de metalen die gebruikt worden in de tabernakel en later in de tempel, is dat goud staat voor het karakter van God en heiligheid, zilver staat voor verlossing, en brons staat voor oordeel. Het altaar, de plaats van oordeel, was gemaakt van brons. Er werd zowel puur goud als geslagen goud gebruikt in de tabernakel. Het pure goud is God zelf, het geslagen goud is de kerk, die gevormd moet worden naar Zijn beeld. (Zie Romeinen 8:29.)

Wanneer zij de tent van ontmoeting binnengaan, moeten zij zich met water wassen, opdat zij niet sterven. Of wanneer zij tot het altaar naderen om dienst te doen door een vuuroffer voor de HEERE in rook te laten opgaan, moeten zij hun handen en voeten wassen, opdat zij niet sterven. Dit is een eeuwige verordening voor hen, voor Aäron en zijn nageslacht, al hun generaties door. (Exodus 30: 20 en 21)

We zien dat dit bronzen wasvat , waar we meestal niet zo veel over horen, een essentieel en blijvend onderdeel was van de priesterlijke bediening voor de Israëlieten. De priester kon niet vanaf het altaar naar de tabernakel gaan zonder zich te wassen in het wasvat. En evenmin kon hij van de tabernakel weer naar het altaar gaan zonder zich te wassen in het wasvat. Ik denk dat de 'reiniging met het waterbad door het woord' zoals genoemd in Efeze 5:26 een exacte parallel is met de functie van het wasvat.

Hoe het bloed en het water samenwerken

Om deze punten verder te benadrukken, gaan we naar een vers in 1 Johannes 5:

Hij is het Die kwam door water en bloed: Jezus, de Christus; niet door het water alleen, maar door het water en het bloed. En de Geest is het Die getuigt, omdat de Geest de waarheid is. (1 Johannes 5:6)

Deze twee componenten, het bloed van Jezus' verlossende offer en het water van de regelmatige reiniging en heiliging door het Woord van God, moeten altijd samengaan. Zonder het bloed hebben we geen toegang, geen leven. Maar zonder het Woord worden we niet gereinigd en worden we niet geheiligd. Onze onreinheden worden niet weggewassen, we zijn niet geschikt voor de aanwezigheid van God.

Zonder het bloed hebben we geen leven, maar zonder het Woord worden we niet geheiligd.

> *Zonder het bloed hebben we geen leven, maar zonder het Woord worden we niet geheiligd*

Dus, we hebben ten eerste de verlossing door het bloed, en ten tweede de reiniging en heiliging door het water van het Woord nodig. Deze hele operatie brengt een Kerk voort die heilig en aanvaardbaar is voor God. Dit laat ons zien dat verlossing door het bloed alleen niet het enige, ultieme doel is. Het ultieme doel is eerst verlossing, gevolgd door heiliging en reiniging door het Woord.

HOOFDSTUK 15

KIJKEN IN DE SPIEGEL

We hebben nu het belang gezien van het wassende en reinigende aspect van het wasvat, in de tabernakel onder het oude verbond en hoe dit een voorafschaduwing is van hoe het water van het Woord ons voortdurend wast, vervuld onder het nieuwe verbond. In dit hoofdstuk richten we ons op een ander aspect van het wasvat, namelijk zijn eigenschap als spiegel, wat nog een andere parallel is met die van Gods Woord in ons leven.

We beginnen met kijken naar een andere interessante kwaliteit van het wasvat, die genoemd wordt in Exodus 38:8. Over de meeste onderdelen van de tabernakel wordt ons weinig verteld over waar de materialen vandaan kwamen en waar ze van gemaakt werden. Maar over het wasvat wordt dit ons wel verteld, en ik weet zeker dat God er een doel mee had om dit te laten opschrijven.

Vervolgens maakte hij (Bezaleël, de kundige, artistieke ambachtsman die alle onderdelen van de tabernakel maakte) *het koperen wasvat met het bijbehorende koperen voetstuk uit de spiegels van de dienstdoende vrouwen, die dienst deden bij de ingang van de tent van ontmoeting.* (Exodus 38:8)

In de tijd van de tabernakel hadden de Israëlieten geen spiegels van glas. Hun spiegels waren gemaakt van zeer fijn gepolijst koper of brons. Dit vers vertelt ons dat de vrouwen hun spiegels moesten opofferen om dit wasvat te kunnen laten maken. Het idee hierachter is niet dat de vrouwen zichzelf niet aantrekkelijk mochten maken qua uiterlijke verschijning. De achterliggende gedachte is dat onze nadruk verschuift van hoe we er uitzien in een natuurlijke spiegel, naar hoe we er uitzien in de geestelijke spiegel van Gods Woord.

God legt grote nadruk op de innerlijke schoonheid van heiligheid, veel meer dan op enkel de uiterlijke, lichamelijke schoonheid. Die noemt de Bijbel 'ijdel' (zinloos) omdat die zeker voorbij zal gaan (zie Spreuken 31:30). God geeft ons hier een aanwijzing dat het voor ons tijd is om meer belang te gaan hechten aan hoe we er van binnen uitzien, en minder aan hoe we er van buiten uitzien. We moeten leren ons veel minder druk te maken over onze lichamelijke verschijning, en veel drukker over onze geestelijke ervaring.

De spiegelfunctie van het wasvat geeft ons een directe verbinding tussen de werking van het wassen met water en de functie van de spiegel. We bekijken een vers uit het Nieuwe Testament dat deze gedachte onthult. In Jacobus wordt ons verteld dat het Woord van God onder andere is als een spiegel.

Als iemand immers een hoorder van het Woord is en geen dader, lijkt hij op een man die het gezicht waarmee hij geboren is, in een spiegel bekijkt, want hij heeft zichzelf bekeken, is weggegaan en is meteen vergeten hoe hij eruitzag. (Jacobus 1:23-24)

Het is mogelijk om in een spiegel te kijken en allerlei gebreken te zien waar wat aan gedaan moet worden - je haar zit niet netjes, je gezicht is vies, je das is gekreukeld, er zit een vlek op je pak – en vervolgens weg te lopen, alles te vergeten wat je hebt gezien, en er niks aan doen. Eigenlijk had je dan net zo goed niet in de spiegel kunnen kijken. Jacobus zegt dat als je de Bijbel leest of het Woord wordt gepredikt, en je ziet jouw noodlijdende geestelijke conditie maar je doet er niets mee, dan ben je als iemand die in de spiegel kijkt en dingen ziet waar wat aan gedaan moet worden, maar het niet doet. Het kijken in de spiegel van Gods Woord heeft je dan uiteindelijk niks goeds gebracht.

het wasvat werkte voor reiniging en ook als spiegel

Aan de positieve kant gaat Jacobus verder met te zeggen:

Hij echter die zich in de volmaakte wet verdiept, die van de vrijheid, en daarbij

134

blijft, die zal, omdat hij niet een vergeetachtig hoorder geworden is, maar een dader van het werk, zalig zijn in wat hij doet. (Jacobus 1:25)

Onze innerlijke geestelijke conditie

Het Woord van God is daarom als een spiegel die ons wordt voorgehouden zodat we onze innerlijke geestelijke conditie zien. Hierin onderscheiden twee aspecten:

1. We zijn verantwoordelijk om te handelen naar wat we zien

Tijdens bevrijdingsdiensten zeg ik tegen de mensen: "Verwacht niet dat ik naar je toe kom, mijn vinger tegen je voorhoofd zet en zeg: 'Jij hebt een demon en daar moet je vanaf zien te komen." Dat soort dingen doe ik niet. In plaats daarvan houd ik de spiegel van het Woord voor hen, zodat ze er zelf in kunnen kijken en dan handelen naar wat ze zien. Het is hun beslissing en hun verantwoordelijkheid, niet de mijne.

Dit geldt eigenlijk voor alle prediking, onderwijs en bediening. Predikers kunnen een spiegel voorhouden, maar degenen die ernaar komen luisteren, zijn zelf verantwoordelijk om te handelen naar wat zij zien. Als je ziet, maar er niet naar handelt, dan doet het je geen goed. Het brengt je dan zelfs veroordeling in plaats van zegen.

Vanuit de Bijbelgedeelten die we bestudeerd hebben, zagen we dat de spiegel en het wasvat beide gemaakt waren van hetzelfde metaal, namelijk brons. Eerder sprak ik over drie basismaterialen en hun geestelijke betekenis in de Bijbel. Goud staat voor de goddelijke natuur en voor heiligheid, zilver staat voor verlossing en brons staat voor oordeel.

Deze principes vind je terug door de hele Bijbel heen. Op het eiland Patmos bijvoorbeeld, zag Johannes Jezus in Zijn glorie en 'Zijn voeten *gloeiden als brons in een oven.*' (Openbaring 1:15, NBV). Dit is een beeld van Christus, die komt om de goddelozen te oordelen.

2. We moeten onszelf beoordelen

Als we kijken in de spiegel van Gods Woord en we zien onze ware conditie, dan verwacht God van ons dat we onszelf beoordelen op wat we zien. Deze waarheid komt duidelijk naar voren in een uitspraak van Paulus, die door de Heilige Geest geïnspireerd werd om ons te laten zien dat dit onze verantwoordelijkheid is:

Want als wij onszelf zouden beoordelen, zouden wij niet geoordeeld worden. (1 Korinthe 11:31)

Het hoogste niveau waarop wij kunnen leven, is het niveau waar we onszelf beoordelen (ons gedrag en onze houding taxeren) door wat we zien in Gods Woord. Vers 32 maakt de gedachte compleet:

Maar als wij geoordeeld worden, (door God, als gelovigen) *worden wij door de Heere bestraft, opdat wij niet met de wereld veroordeeld zouden worden.*

Nogmaals, het hoogste niveau in het christelijke leven is niet dat God zou moeten doorgaan met ons te bestraffen, maar dat we, als we kijken in de spiegel van het Woord en iets verkeerds zien in ons leven, in actie komen om het te veranderen, zonder te hoeven worden bestraft.

Als we er niet naar handelen, dan zal God Zijn discipline toepassen en beginnen ons te tuchtigen. Zijn doel hiermee is ons ervan te weerhouden de weg van de wereld te gaan, de weg die veroordeling brengt. Maar als we Gods tucht weerstaan en de weg van de wereld kiezen, dan komen we onder hetzelfde oordeel dat over de wereld komt. *Als wij zeggen dat wij geen zonde hebben, misleiden wij onszelf en is de waarheid niet in ons.* (1 Johannes 1:8)

Aan de andere kant kunnen we in de spiegel van Gods Woord kijken en daar duidelijk iets geopenbaard zien dat verkeerd is in ons leven, een dwaling, vergissing, een verkeerde nadruk of verkeerde houding. Dan nemen we de stap om onszelf te beoordelen. We zeggen: "Dat is verkeerd, dat zou ik niet moeten doen. Ik herroep het. Heer, ik bekeer me. Bevrijd me er alstublieft van." Als we die stap nemen, dan hoeft God ons niet te straffen. *Als wij onze zonden belijden: Hij is getrouw en rechtvaardig om ons de zonden te vergeven en ons te reinigen van alle ongerechtigheid.* (1 Johannes 1:8)

er is een verschil tussen vervolgingen en Gods discipline

Ik heb ontdekt dat veel christenen tegen allerlei soorten van discipline aanlopen die ze vrij simpel hadden kunnen vermijden, als ze hadden gehandeld naar wat God hen had laten zien in de spiegel van Zijn Woord. Veel van je problemen zijn niet vervolging omwille van de rechtvaardigheid. (Misleid jezelf niet.) Ze zijn het gevolg van je eigen koppigheid, van het gaan van je eigen weg en weigeren te veranderen, ondanks het feit dat God je jouw conditie heeft laten zien door Zijn Woord. Dus God zegt: "Ok, ik zal je moeten disciplineren, want datgene wat je in de spiegel zag, heb je genegeerd."

Ik geloof niet dat de keuze om Jezus Christus te dienen een heel moeilijke weg is. Persoonlijk bedroeft het mij als ik predikers hoor vertellen dat als je ervoor kiest om Jezus te volgen, alles verkeerd zal gaan. Dat is niet waar. Ik zal je vertellen, als je Christus dient, dan zal er misschien vervolging komen in je leven en er zullen problemen zijn, maar als je besluit Christus *niet* te dienen, dan zal het nog veel erger zijn. Daar kun je van op aan.

Zeker, er zijn vervolgingen en tegenwerkingen in het christelijke leven. Maar veel van waar we tegenaan lopen valt niet onder vervolging of tegenwerking. Het is Gods discipline voor onze stijfkoppigheid, omdat we eigenlijk wel zagen wat Hij ons probeerde te laten zien in Zijn Woord, maar we weigerden ernaar te handelen.

De schoonheid van de spiegel
Aan de andere kant van de balans is het prachtige aan de spiegel, dat ze je veel meer laat zien dan alleen hoe slecht je eruitziet. Als je hebt gehandeld naar wat God van je vroeg en je kijkt opnieuw in de spiegel, wat zie je dan? Je ziet Jezus Christus, en je ziet wie je in Gods ogen kunt zijn door Christus.

Een andere verwijzing naar deze wonderbaarlijke spiegel spreekt over het tegenbeeld van de Israëlieten die onder de wet van Mozes waren. Nadat Mozes God had ontmoet, vond hij het nodig om zijn gezicht te bedekken, zodat het volk de glorie van God die ervan afstraalde, niet zou zien, totdat hij God opnieuw zou ontmoeten (Zie 2 Korinthe 3:11-16; Exodus 34:28-35). De bedekking gaf een bepaalde mate van incompleetheid van de openbaring aan. Maar Paulus zegt dat voor ons, onder het nieuwe verbond, de situatie veranderd is:

Als jij je ogen africht van de spiegel van het Woord, dan kan de Geest van God niet in je werken

Wij allen nu, die met onbedekt gezicht de heerlijkheid van de Heere als in een spiegel aanschouwen, worden van gedaante veranderd naar hetzelfde beeld, van heerlijkheid tot heerlijkheid, zoals dit door de Geest van de Heere bewerkt wordt. (2 Korinthe 3:18)

Dit is een geweldige waarheid die je mag aannemen: de Geest van de Heer kan in jou werken ten goede, maar alleen als je in een bepaalde positie bent. Welke positie? Kijkend in de spiegel van Gods Woord. Als jij je ogen africht van de spiegel van het Woord, dan kan de Geest van God niet in je werken. De Geest werkt terwijl je kijkt in de spiegel van het Woord om je te veranderen in wie God wil dat je bent. Als je in de spiegel kijkt, dan zie je de heerlijkheid van Christus, de schoonheid van heiligheid. En de Geest van God verandert je naar het beeld dat jij ziet.

Dat is Gods plan om jou te veranderen, je te heiligen, je reacties te veranderen, je verlangens, je houding, je stemming en je passie. Al die dingen veranderen terwijl je kijkt in de spiegel van Gods Woord en gelooft wat je ziet. De Heilige Geest verandert je *'van heerlijkheid tot heerlijkheid.'*

De heerlijkheid van Jezus Christus wordt in de spiegel van het Woord steeds meer onthuld. Maar dit is alleen beschikbaar voor de gelovige die in de spiegel *blijft* kijken. Het probleem met velen van ons is dat, als er problemen zijn, we onze ogen van de spiegel afwenden.

Ik ben altijd onder de indruk geweest van de woorden die staan geschreven in Hebreeën over Mozes:

Door het geloof heeft hij Egypte verlaten zonder bevreesd te zijn voor de toorn van de koning. Want hij bleef standvastig, als zag hij de Onzichtbare. (Hebreeën 11:27)

Dat is prachtig. Hoe kun je het onzichtbare zien? Niet met natuurlijke ogen, niet in situaties en omstandigheden, maar in de spiegel. De spiegel laat je het onzichtbare zien, het eeuwige.

Door beproeving heen de onzichtbare wereld zien

Paulus spreekt over het principe van kijken naar het eeuwige en het onzichtbare zien in 2 Korinthe 4:17-18. Hij begint met deze woorden: *Want onze lichte verdrukking...* (vers 17) De woorden 'lichte verdrukking' zorgen ervoor dat ik mij afvraag waarom sommige mensen in deze tijd klagen over hun leven. Paulus werd vijf keer afgeranseld, één keer gestenigd, en leed twee maal schipbreuk. Lees de opsomming in 2 Korinthe 11:23-28 maar eens van waar hij allemaal doorheen gegaan is. Paulus noemt het 'onze lichte verdrukking'.

Sommige mensen proberen je te vertellen dat Paulus een soort van invalide was. Zij zeggen dat hij een oogziekte had en rond strompelde. Het enige dat ik kan zeggen is: 'Als Paulus een invalide was, geef ons dan meer invaliden zoals hij in de Kerk!' Iedereen die kon doorstaan waar Paulus doorheen gegaan is, is niet echt een invalide. Maar, na het opsommen van al deze ramzalige gebeurtenissen zegt Paulus:

Want onze lichte verdrukking, die van korte duur is, brengt in ons een allesovertreffend eeuwig gewicht van heerlijkheid teweeg. Wij houden onze ogen immers niet gericht op de dingen die men ziet, maar op de dingen die men niet ziet; want de dingen die men ziet, zijn van het ogenblik, (tijdelijk) *maar de dingen die men niet ziet, zijn eeuwig* (voor altijd). (2 Korinthe 4:17-18)

Waar moeten wij naar kijken? Naar de eeuwige, onzichtbare dingen in de spiegel van Gods Woord. En, terwijl we kijken, is het onze 'lichte verdrukking' die het goddelijke doel voortbrengt. Maar als we onze ogen afnemen van de spiegel, dan zal de Heilige Geest stoppen met Zijn werking totdat we onze ogen weer terug gericht hebben op de spiegel van het Woord.

Paulus benoemt het doel van dit proces van goddelijke tussenkomst door de Heilige Geest. Terwijl hij spreekt over zijn bediening onder de heidenen zegt hij:

om een dienaar van Jezus Christus te zijn voor de heidenen, door het Evangelie van God als een priester te dienen, opdat het offer (aan God) *van de heidenen welgevallig zou zijn aan God, geheiligd door de Heilige Geest.* (Romeinen 15:16)

In het oorspronkelijke Grieks wordt hier de voltooid tegenwoordige tijd gebruikt: *geheiligd geworden door de Heilige Geest.* Paulus beschrijft het doel van het proces waardoor de Heilige Geest ons heiligt, een proces dat begon zelfs voordat we God kenden. Hij trok ons, zette ons apart, openbaarde het Kruis aan ons, bracht ons naar de bloedgrens, droeg ons erover, en gaat door met ons heiligen terwijl we kijken in de spiegel en gewassen worden door het water van het Woord.

Het uiteindelijke doel van alles wat had plaatsgevonden is dat het offer van de heidenen (de niet-Joodse gelovigen in Jezus Christus) aanvaardbaar zou zijn voor God, volledig, volkomen, volmaakt geheiligd door de Heilige Geest. En datzelfde doel is ook op ons van toepassing.

HOOFDSTUK 16

GELOOF EN WERKEN – ONS ANTWOORD

We hebben nu alles waarin God heeft voorzien bestudeerd, inclusief het werk van Jezus en van de Heilige Geest, zodat we kunnen antwoorden op Zijn roep tot heiligheid. In dit hoofdstuk zullen we wat gedetailleerder kijken naar ons antwoord op Gods ingrijpen in ons leven – oftewel, ons geloof en onze werken.

> *Er is een punt waarop God niet verder kan bewegen dan ons geloof*

Onmisbaar geloof

We beginnen bij ons geloof. Er is een punt waarop God niet verder kan bewegen dan ons geloof. Aan het begin van het proces waarin Hij ons tot zich trekt, beweegt God zonder dat wij zelf actief geloof uitoefenen. Maar de volvoering van Zijn doelen en plannen met ons is afhankelijk van ons antwoord in geloof. Er is een moment waarop geloof onmisbaar wordt om Gods doelen in ons leven te vervullen.

Voortbouwend op wat besproken is in het vorige hoofdstuk, accepteren we in geloof datgene wat we zien in de spiegel van Gods Woord. We kijken in de spiegel, we bekeren ons van onze zonden, veranderen onze wegen, geven onszelf over aan goddelijke discipline, 'We wandelen in het licht, zoals Hij in het licht is' (1 Johannes 1:7), en *'we wandelen in de waarheid'* (3 Johannes 1:3) van Gods Woord. Als we deze dingen doen, dan zijn we, zoals ik al eerder noemde, in de juiste positie om door geloof de prachtige waarheden aan te nemen die we in Gods Woord vinden over onszelf. Bedenk dat we niet buiten Christus zijn en niet buiten de genade van God. We zijn gelovigen die hun plaats in Christus hebben ingenomen en recht staan voor God.

Laten we nu wat beter gaan kijken naar een serie heel bemoedigende uitspraken. Elk van deze uitspraken is van toepassing op alle gelovigen, maar moeten ook door jou als een individuele gelovige in geloof worden aangenomen, voordat ze effectief en merkbaar worden in je leven. (Besef wel dat de nu volgende opsomming geen volledige lijst is van alle uitspraken over wie we mogen zijn in Christus.)

Aanvaard in de Geliefde

Efeze 1:6 zegt dat God *ons begenadigd heeft in de Geliefde*. De Geliefde is Jezus Christus. Het is zo belangrijk dat je je realiseert dat God jou *wil*. Het Griekse woord dat hier vertaald is met 'begenadigd' is *charitoo*. Het betekent begenadigen, oftewel 'aannemen met speciale eer' en zeer begunstigd zijn. Hetzelfde woord wordt gebruikt voor de maagd Maria, toen de engel Gabriël aan haar verscheen en tegen haar zei: *Wees gegroet, begenadigde (charitoo)* (Lukas 1:28). De engel zei dus eigenlijk: Je bent genadig, met speciale eer aangenomen, je bent het voorwerp van goddelijke gunst. In Christus wordt iedere gelovige het voorwerp van speciale genade, en zeer begunstigd. Besef je dat over jezelf?

God verwelkomt ons. Heel veel mensen gaan door het leven met een gevoel van afwijzing. Hun ouders hebben hen afgewezen, hun vrienden hebben hen afgewezen, de maatschappij wijst hen af, en soms wijst zelfs de kerk hen af. Wat zij zich moeten realiseren, is dat als zij in Christus tot God komen, ze door Hem totaal worden geaccepteerd en begunstigd, niet slechts getolereerd. Ik zeg het nogmaals, het is heel belangrijk dat je tot in je diepste wezen begrijpt dat je in Christus bent aanvaard, aangenomen. Vaak heb ik mensen geholpen met een belijdenis zoals deze:

Ik dank U God, dat ik in Jezus Christus ben aangenomen in volle genade en gunst. U bent mijn Vader. De hemel is mijn thuis. Ik maak deel uit van Gods gezin. Ik hoor erbij. Ik word niet slechts getolereerd, ik ben aangenomen.

Geen veroordeling

Romeinen 8:1 geeft ons nog een prachtige waarheid over wat we in Christus mogen beleven: *Dus wie in Christus Jezus zijn, worden niet meer veroordeeld.* (NBV)

Je bent niet meer veroordeeld. Je bent niet meer schuldig. Er is volledig afgerekend met het verleden. Je bent gerechtvaardigd door het bloed van Jezus (zie Romeinen 5:9). 'Gerechtvaardigd' betekent dat je nu bent alsof je nooit gezondigd hebt. We zijn rechtvaardig gemaakt met de gerechtigheid van Christus, en dat is een gerechtigheid waarin zelfs de duivel geen smet, gebrek of aanklacht kan vinden.

Apart gezet voor God
In aanvulling hierop vertelt Hebreeën 13:12 ons dat we geheiligd zijn door het bloed van Jezus: ... *om door Zijn eigen bloed het volk te heiligen...* Dat betekent dat we door het bloed van Jezus apart gezet zijn voor God.

Voortdurend gereinigd
1 Johannes 1:7 bevestigt dat we voortdurend gereinigd worden door het bloed van Jezus:

Maar als (terwijl) *wij in het licht wandelen* (dit is een voortdurend proces)*, zoals Hij in het licht is, hebben wij gemeenschap met elkaar, en het bloed van Jezus Christus, Zijn Zoon, reinigt ons* (voortdurend) *van alle zonde.*

Levend met God
Romeinen 6:11 verzekert ons dat we levend zijn met Gods leven:

Zo dient ook u uzelf te rekenen als dood voor de zonde, maar levend voor God in Christus Jezus, onze Heere.

Al deze uitspraken uit Gods Woord bevatten een prachtige waarheid, maar we moeten ze in geloof aannemen. Als we ze in geloof hebben aangenomen, dan brengen we ze tot uitwerking in ons leven. Dit is het punt waar geloof moet worden vertaald in actie, in daden.

Positieve daden en werken
De uitwerking van de waarheden die we in geloof hebben aangenomen en uitgesproken, heeft altijd twee kanten – een negatieve (wat we niet doen) en een positieve (wat we wel doen). Sta nooit toe dat de duivel je

beperkt tot de negatieve. Je moet door de negatieve kant heen werken naar de positieve. Bijvoorbeeld, je moet 'dood zijn voor de zonde' (Romeinen 6:11). Maar, alsjeblieft, blijf daar niet! Je moet namelijk ook 'levend zijn voor God'. Dood voor de zonde en levend voor de gerechtigheid.

Met andere woorden, het is niet genoeg om alleen te stoppen met het doen van verkeerde dingen. Dat maakt je namelijk niet heilig, en het is ook niet de aard van Gods heiligheid. In Mattheüs 5 legt Jezus de relatie uit tussen heiligheid en wat we doen:

de duivel test tot vervelens toe of jij je 'nee' ook echt meent

Laat uw licht zo schijnen voor de mensen, dat zij uw goede werken zien en uw Vader, Die in de hemelen is, verheerlijken.

'Je licht laten schijnen' betekent goede werken doen die mensen kunnen zien. Het is niet slechts het volgen van een lijst met regels waarin we van alles niet meer moeten doen. Nee, door de negatieve dingen te laten, komt er ruimte voor een positieve, krachtige macht die ons leven en onze omgeving verandert. Ik geloof dat heiligheid de meest krachtige macht is die aan het werk is in ons universum. Het is zelfmisleiding om je eenvoudig terug te trekken in een negatieve levenswijze van niets verkeerd doen en dat vervolgens heiligheid noemen. Het is absoluut niet wat God bedoelt met heiligheid.

We zien deze waarheid heel duidelijk in Romeinen 6. Sprekend tot mensen die zichzelf dood houden voor de zonde en levend voor God, zegt Paulus:

Laat de zonde dan niet in uw sterfelijk lichaam regeren om aan de begeerten daarvan te gehoorzamen. En stel uw leden niet ter beschikking aan de zonde als wapens van ongerechtigheid... (Romeinen 6:12-13)

Dat is de negatieve kant: laat de zonde niet langer heersen over je lichaam. Stel de leden van je lichaam niet langer ter beschikking aan de zonde zodat die over jou kan heersen. Ik hoorde eens iemand zeggen: 'Iemand die naar de hemel wil moet leren 'nee' zeggen, en het ook menen.' Dat verwoordt de bovenstaande waarheid. Er komt een moment dat je nee moet zeggen tegen de duivel en nee tegen zonde, en het ook echt menen. Ik verzeker je, de duivel weet het wanneer je iets zegt en het meent, en ook wanneer je iets zegt zonder dat je het meent. Hij heeft de neiging tot vervelens toe te testen of je jouw 'nee' echt meent.

Dus, het eerste deel is: je moet radicaal nee zeggen tegen de duivel en nee tegen zonde, en het ook echt menen.

Het tweede deel, het positieve deel, is dat je jezelf door een bewuste keuze met je hele lichaam overgeeft aan God de Heilige Geest, om door Hem geleid te worden.

maar stel uzelf ter beschikking aan God, als mensen die uit de doden levend geworden zijn. En laat uw leden wapens van gerechtigheid zijn voor God. (vers 13)

Je ontzegt de duivel elk gebruik van de ledematen van je lichaam, en geeft ze in plaats daarvan over aan God. In Kolossenzen zien we nog een ander aspect van deze noodzaak:

Dood dan uw leden die op de aarde zijn: ontucht, onreinheid, hartstocht (lust), *kwade begeerte, en de hebzucht, die afgoderij is.* (Kolossenzen 3:5)

Doden betekent hier 'voor dood houden'. Ten eerste *beschouw* je deze vleselijke 'leden' als dood. Ten tweede *houd* je ze ook dood. Het is duidelijk dat iedereen wel eens belaagd wordt door zonde, zoals lust, hebzucht, boosaardigheid, roddel, vraatzucht, en ga zo maar door. Er zijn bepaalde gebieden in je leven waar je dit soort zonden die je blijven achtervolgen, dood moet houden. Dat gebeurt niet allemaal van het ene op het andere moment, in één ervaring. Het gebeurt door steeds weer keuzes te maken, waardoor het probleem dat je steeds achtervolgt niet langer macht over je heeft. Het is dood... Het is dood... Het is dood. Met andere woorden, je houdt het dood.

Maar het is natuurlijk niet genoeg om je leden en de zonden die je achtervolgen, alleen maar dood te houden. Ook hier moet weer een overeenkomende positieve werking te vinden zijn, en dit positieve aspect vinden we in 1 Johannes 3:3:

En ieder die deze hoop op Hem heeft, reinigt zich, zoals Hij (Christus) *rein is.*

Als je heiligheid najaagt, dan is het niet genoeg om je lichaam dood te houden. Je moet je lichaam ook heiligen, en de Bijbel zegt dat je dit doet door het Woord van God te gehoorzamen. Dit wordt duidelijk gemaakt in 1 Petrus 1:22:

Nu u dan uw zielen gereinigd hebt in de gehoorzaamheid aan de waarheid, door de Geest...

De manier waarop we onze leden heiligen, is door het onderwijs uit Gods Woord wat over deze leden gaat, te gehoorzamen. We doden hen, we houden hen dood voor de zonde, we heiligen hen, en we maken ze ook steeds meer puur en heilig.

In onze relaties

We oefenen de negatieve en de positieve aspecten van heilig leven ook uit in onze relaties met andere mensen. De negatieve actie is dat we onszelf moeten afscheiden van de goddelozen, de onzuiveren en de onreinen. De positieve actie is dat we ons juist verbinden met de goddelijke mensen, de reine en rechtvaardige mensen. Deze waarheid lezen we in 2 Timotheüs 2:20:

Maar in een groot huis zijn niet alleen voorwerpen van goud en van zilver, maar ook van hout en aardewerk. Sommige zijn voor eervol, maar andere voor oneervol gebruik.

Het 'grote huis' waar Paulus over schrijft, is de Kerk. Hij betoogde dat er vele verschillende soorten mensen in de Kerk zijn. Hij noemt hen de voorwerpen. Sommige zijn rein, sommige zijn niet rein. Sommige mensen zijn voorwerpen van eer, sommigen zijn voorwerpen van oneer.

Dit is ook waar in deze tijd. Waar we ook gaan, we zullen mensen tegenkomen die ware gelovigen zijn en een heilig leven leiden. Maar er zijn ook hypocrieten, valse gelovigen, en er zijn anderen in een afgegleden toestand die zich van God hebben afgekeerd. Deze mensen leiden geen zuiver, rein en heilig leven. Dus Paulus zegt dat er voorwerpen zijn van eer, voorwerpen die rein zijn. En er zijn voorwerpen van oneer, voorwerpen die onrein zijn. Het advies van Paulus volgt in vers 21:

Als iemand zich dan van deze dingen reinigt, zal hij een voorwerp zijn voor eervol gebruik, geheiligd en van veel nut voor de Heere, voor elk goed werk gereedgemaakt.

in ons contact met ongelovigen is de vraag: wie beïnvloedt wie?

Het is duidelijk dat er een tijd komt waarin je jezelf moet losmaken van degenen die niet wandelen in het licht, niet wandelen in de waarheid, niet wandelen in de Geest. Dit betekent mijns inziens niet dat we helemaal niet mogen omgaan of contact hebben met ongelovigen – hoe zouden we anders getuigen kunnen zijn van de hoop die in ons is? Het gaat erom dat we ons in onze relaties en in ons denken niet laten beïnvloeden door goddelozen. Eerder zullen wij de positieve invloed zijn in hun leven. Waar het echter gaat om wederzijdse verbindingen zoals in liefdesrelaties of close, diepe vriendschappen, daar moeten we kiezen voor omgang met mensen die ook Gods heiligheid kennen en nastreven. Paulus zegt: Verbind je niet met mensen die zelfs een negatieve invloed op jou kunnen hebben. Ook al zijn ze lid van een kerk en belijden ze dat ze geloven, het zijn geen voorwerpen van eer maar voorwerpen van oneer. De Bijbel zegt dat we onszelf apart moeten zetten van hen. Het gedeelte gaat in dezelfde context verder:

Maar ontvlucht de begeerten van de jeugd. Jaag rechtvaardigheid, geloof, liefde en vrede na, samen met hen die de Heere aanroepen uit een rein hart. (2 Timotheüs 2:22)

Het begint met de negatieve kant, het ontvluchten van de begeerten van de jeugd, en gaat dan door met de positieve kant: het najagen van goede dingen, zoals rechtvaardigheid, geloof, liefde en vrede. Je moet deze goede dingen najagen in het juiste gezelschap: *met hen die de Heere aanroepen uit een rein hart.* Hier zien we de praktische uitwerking van heiligheid helder weergegeven. In iedere situatie is er een negatieve stap, die gevolgd wordt door een positieve stap. We mogen nooit tevreden zijn met alleen het vervullen van het negatieve gedeelte.

Laten we een korte herhaling geven van wat we tot zover behandeld hebben in dit gedeelte:

1. Aan de negatieve kant ontzeggen we de duivel en de zonde zijn beschikking over de leden van ons lichaam. We zeggen: "Nee, jij kunt me niet meer bezitten. Ik gehoorzaam jou niet meer." Vervolgens, aan de positieve kant, geven we ons over aan de Heilige Geest. We zeggen tegen Hem: "De leden van mijn lichaam staan nu tot uw beschikking. Ze zijn instrumenten van gerechtigheid. U mag ze besturen."

2. Aan de negatieve kant houden we de onreine praktijken die verbonden zijn met onze vroegere leefstijl voor dood. Aan de positieve kant reinigen we onszelf en de leden van ons lichaam door het Woord van God voortdurend te gehoorzamen.

3. Aan de negatieve kant zetten we onszelf apart van mensen die 'voorwerpen van oneer' zijn, degenen die niet zuiver zijn, onrein, degenen die niet wandelen op de weg van heiligheid. Aan de positieve kant verbinden we ons, door een bewuste keuze, aan degenen die wandelen op de weg van heiligheid, rechtvaardigheid en waarheid.

Dit maakt allemaal deel uit van de praktische uitwerking van onze heiliging.

De ladder van beloften

Ter afsluiting van dit hoofdstuk behandel ik drie gedeelten die een waardevolle illustratie geven van heiligheid. Om te beginnen keren we terug naar een vers in 2 Korinthe:

Omdat wij dan deze beloften hebben, geliefden, laten wij onszelf reinigen van alle bezoedeling van vlees en geest, en de heiliging volbrengen in het vrezen van God. (2 Korinthe 7:1)

Dit vers richt ons op het reinigen van onszelf, met het oog op de beloften van Gods Woord. De voorziening ligt, zoals ik al eerder in dit boek heb uitgelegd, in de beloften. Als we handelen naar de beloften, dan reinigen we onszelf van 'alle bezoedeling van vlees en geest'.

De volgende twee gedeelten, één uit het Oude Testament en één uit het Nieuwe, geven ons een heel mooi beeld. Het eerste komt uit Genesis 28, waar de ladder beschreven wordt die Jacob zag in een droom. Deze ladder reikte tot in de hemel. De engelen van God bevonden zich op die ladder. Jacob ervoer deze droom in de tijd dat hij moest vluchten, weg van thuis. Op dat moment was hij een zwerver, omdat hij had gelogen en bedrogen. Als gevolg daarvan stond hij nu met lege handen. Zijn eigen getuigenis zegt dat hij niets in zijn hand had dan een staf om mee te lopen.

In die staat kwam Jacob bij een bepaalde plaats waar hij de nacht ging doorbrengen. Duisternis daalde op hem neer en hij had geen plek om te overnachten, dus hij ging in het open veld liggen met een steen als hoofdkussen. Die nacht, in zijn leegheid, zijn verslagenheid, zijn wanhoop, sprak God tot hem en gaf hem verschillende beloften. Laat me je vertellen dat als je aan het eind van jezelf bent gekomen, dan is dat het moment dat God tot je spreekt. De Heer opende Jacobs ogen in een droom en hij zag deze ladder die zich uitstrekte van de aarde naar de hemel, met de engelen van God die naar boven en naar beneden gingen. Laten we, met dit gedeelte in gedachten, kort kijken naar een laatste Bijbelgedeelte:

Immers, Zijn Goddelijke kracht heeft ons alles geschonken wat tot het leven en de godsvrucht behoort, door de kennis van Hem Die ons geroepen heeft door Zijn heerlijkheid en Zijn deugd. Daardoor heeft Hij ons de grootste en kostbare beloften geschonken, opdat u daardoor deel zou krijgen aan de Goddelijke natuur, nadat u het verderf, dat er door de begeerte in de wereld is, ontvlucht bent. (2 Petrus 1:3-4)

op onze Jacobsladder is elke trede een belofte van Gods Woord

Als we deze twee beelden samenvoegen, dan zien we allereerst het beeld van de ladder die zich uitstrekt van de aarde naar de hemel, symbolisch loopt die, van het kwaad en de corruptie van deze wereld, naar Gods heilige karakter. Ten tweede zien we de treden op die ladder. Elk daarvan mogen we zien worden als een belofte uit Gods Woord. Paulus schreef in 2 Korinthe 7:1: *Omdat wij dan deze beloften hebben, geliefden, laten wij onszelf reinigen...* Met andere woorden, laten we de ladder beklimmen, stap voor stap voor stap... Iedere keer dat je een belofte van God claimt, zet je je voet één trede hoger op de ladder naar Hem en Zijn heilige karakter.

Jacobs ladder van de aarde naar de hemel is het beeld van Gods Woord en de beloften van God. Je kunt naar boven door te gaan staan op de beloften van God en die één voor één te claimen, je voet erop te zetten en erop gaan staan, voortdurend vooruitgaand. Terwijl je de beloften claimt en ze toepast en uitwerkt in je leven, ontsnap je aan de corruptie van de wereld en ga je deel uit maken van de goddelijke natuur.

Dit is hoe we de heiliging uitwerken die we allereerst door geloof ontvangen hebben.

HOOFDSTUK 17

PRAKTISCHE STAPPEN NAAR HEILIGHEID

Tot zover hebben we in dit boek vastgesteld dat God heilig is, en daarom heiligheid vraagt van Zijn volk. Het lijkt misschien onmogelijk om heiligheid te bereiken, maar we hebben het goede nieuws gehoord: God heeft voorzieningen getroffen voor onze heiligheid. Die voorziening komt tot ons in zeven aspecten: Jezus Christus, het Kruis, de Heilige Geest, het bloed van Jezus, het Woord van God, ons geloof, en onze werken (of de handelingen die we doen om ons geloof tot uitdrukking te brengen).

We hebben ook gezien hoe Gods voorziening in ons leven op een praktische manier uitwerkt. Zijn handelingen voor ons beginnen in de eeuwigheid en worden dan overgezet in de tijd. In de eeuwigheid heeft de Vader voorkennis, kiest Hij ons en bestemt ons voor. Dan, in de tijd, begint de Heilige Geest een heiligend werk, en Hij maakt dat ook af. Ik stelde voor om dit heiligende werk op te splitsen in drie handelingen: aantrekken, apart zetten en openbaren.

De Heilige Geest begint ons tot Zich te trekken, Hij zet ons apart van anderen, en dan brengt Hij ons tot de plaats waar Hij ons de waarheid van Christus en het Kruis kan openbaren. Het is de Heilige Geest die ons brengt naar de bloedgrens. Als we die bloedgrens onder Zijn leiding oversteken, dan worden we uit het territorium van satan overgeplaatst naar het territorium van God. En dan gaat het heiligende werk van de Heilige Geest vanaf daar verder.

Jezus, ons perfecte voorbeeld van heiliging

Laten we nu de praktische toepassing bestuderen van dit onderwijs over heiligheid, door te kijken naar het voorbeeld van Jezus. Dit gedeelte zou ook kunnen heten: 'Hoe wij onszelf kunnen heiligen'. Met andere woorden, we zullen bespreken wat jij praktisch kunt doen in reactie op wat God heeft gedaan, en in reactie op wat Hij voor jou beschikbaar heeft gemaakt.

In heiliging is Jezus, net zoals in ieder ander aspect van het leven als christen, ons volmaakte voorbeeld. Je bent je er misschien niet van bewust dat ook Jezus werd geheiligd. Maar in Johannes 10 vinden we hier een uitspraak over. Jezus discussieerde met de Joden over Zijn aanspraak de Zoon van God te zijn. Zij hadden die aanspraak betwist en afgewezen, maar Hij onderbouwde dit met citaten uit het Oude Testament, die Hij toepaste op Zichzelf.

Gekozen, geheiligd en gezonden

We kijken eerst naar een uitspraak van Jezus in het evangelie van Johannes, die Hij citeert uit Psalm 82:6 in het Oude Testament:

Jezus antwoordde hun: Is er niet geschreven in uw wet: Ik heb gezegd: U bent goden? Als de wet hén goden noemde (degenen die als rechters over het volk waren aangesteld) *tot wie het woord van God kwam, en aangezien de Schrift niet gebroken kan worden, zegt u dan tegen Mij, Die de Vader geheiligd en in de wereld gezonden heeft: U lastert God, omdat Ik gezegd heb: Ik ben Gods Zoon?* (Johannes 10:34-36)

We gaan nu niet uitgebreid in op de volledige reikwijdte van deze tekst, maar de essentie voor onze studie nu is: De Vader heiligde de Zoon Jezus, en zond Hem naar de wereld. Dit betekent dat de Vader Jezus uitkoos in de eeuwigheid, voor een specifieke taak die niemand anders in de hemel of op de aarde kon vervullen. Nadat Hij Jezus gekozen had, heiligde Hij Hem, Hij zette Hem apart voor Zijn taak. Daarna, na Jezus geheiligd te hebben, zond de Vader Hem op een gegeven moment de loop van de menselijke geschiedenis in, om de opdracht te vervullen. Jezus was het volmaakte voorbeeld: De Vader koos Hem, de Vader heiligde Hem, en de Vader zond Hem.

Laten we nu kijken naar Johannes 17, waar Jezus bad voor Zijn discipelen. Het thema van de verzen 16 tot 19 is heiliging.

Zij zijn niet van de wereld, zoals Ik niet van de wereld ben. Heilig hen door Uw waarheid; Uw woord is de waarheid. Zoals U Mij in de wereld gezonden hebt, heb ook Ik hen in de wereld gezonden. En Ik heilig Mijzelf voor hen, opdat ook zij geheiligd zijn in de waarheid. (Johannes 17:16-19)

Zie je Jezus' uitspraak in vers 19? *Ik heilig Mijzelf...* De Vader heeft, in de eeuwigheid, Jezus geheiligd en Hem uitgezonden om een speciale taak te vervullen. Maar heiliging is niet volkomen totdat de persoon die geheiligd is ook antwoordt aan de wil van God, door zijn eigen heiliging. De heiliging van Jezus was dus niet volkomen totdat Hij in feite tegen de Vader zei: 'Erkennend wat Uw keuze is, de taak herkennend die U Mij gegeven heeft, heilig ik nu Mijzelf. Ik zet Mijzelf apart voor de vervulling van de opdracht waarvoor U Mij geheiligd heeft en Mij in de wereld hebt gezonden.'

> **Heiliging houdt twee dingen in: relatie met God en gerichtheid op een taak**

Als we nadenken over deze waarheden, dan zien we dat het proces van heiliging begint bij de Vader, in de eeuwigheid. Vervolgens heiligt Jezus Zichzelf voor de Vader, en dan voor de taak waarvoor de Vader Hem gezonden heeft. In de handelingen van Jezus zien we deze principes: als we geheiligd zijn, dan reageren we allereerst op de Vader, degene die ons geheiligd heeft, en daarna reageren we op de taak waarvoor we zijn geroepen, de taak die God voor ons gekozen heeft om te volbrengen.

Ik benadruk dit, want het is belangrijk te zien dat heiliging zonder een opdracht meestal zal eindigen in betekenisloze, religieuze activiteit of een lege vorm. Heiliging houdt twee dingen in: relatie met God en gerichtheid op een taak. Zonder de taak is de heiliging niet compleet.

De houding van Jezus ten opzichte van de Vader

We kunnen veel leren over heiliging door de relatie tussen Jezus en de Vader te bestuderen. We kijken naar een aantal Bijbelgedeelten die Jezus' houding naar de Vader beschrijven, en Zijn houding naar de taak die de Vader Hem gegeven had.

We kijken eerst naar Psalm 40:7-8. Deze zelfde woorden worden door de schrijver van de Hebreeënbrief toegepast op de Heer Jezus Christus (zie Hebreeën 10:7). Maar ik lees ze liever vanuit het boek Psalmen, omdat ze hier uitgebreider zijn dan in het citaat in Hebreeën. In Psalm 40 lezen we:

Toen zei Ik (de Zoon): Zie, Ik kom, in de boekrol is over Mij geschreven (in Gods eeuwige doel en plan is een rol voor mij beschreven om op me te nemen). *Ik vind er vreugde in, Mijn God, om Uw welbehagen te doen; Uw wet draag Ik diep in Mijn binnenste.* (Psalm 40: 8-9)

Dit is het antwoord van de Zoon aan de Vader. Terwijl Hij de wil van de Vader ontdekt in het 'Boek' zegt Hij: *In de boekrol is over Mij geschreven. Ik vind er vreugde in, Mijn God, om Uw welbehagen te doen.*

Wat deze waarheid zo wonderbaarlijk en geweldig maakt voor ons, is het feit dat in dezelfde Boekrol waar Jezus naar verwijst, ook iets geschreven staat voor ieder van ons. Net als Jezus, hebben ook jij en ik een rol die beschreven is in het boek. Onze taak is om uit te zoeken wat voor ons leven geschreven is 'in de boekrol'. Welke boek-rol staat er voor jou en mij beschreven?

In de boekrol is over Mij geschreven (ik erken het doel dat God heeft, en reageer daarop). *Ik vind er vreugde in, Mijn God, om Uw welbehagen te doen; Uw wet draag Ik diep in Mijn binnenste.*

We zullen nu drie gedeelten uit het Johannesevangelie bekijken, die de relatie tussen Jezus en de Vader bij het vervullen van Zijn taak tot uitdrukking brengen. In Johannes 6 zegt Jezus:

Want Ik ben uit de hemel neergedaald, niet opdat Ik Mijn wil zou doen, maar de wil van Hem Die Mij gezonden heeft. (Johannes 6:38)

Jezus kwam specifiek om de wil van God te doen, die was geopenbaard in Zijn eeuwige doelen. Toen Jezus de wil van God, die in de boekrol beschreven was, ontdekte en onderscheidde, zei Hij in feite: 'Zie, ik ben gekomen om uw wil te doen'. Tegen de mensen om Hem heen zei Hij: 'Ik ben vanuit de hemel neergedaald, niet om mijn eigen wil te doen, maar om de wil te doen van Degene die mij gezonden heeft.'

In ons volgende gedeelte deed Jezus een bekende uitspraak naar Filippus: *Ben Ik zo'n lange tijd bij u, en kent u Mij niet, Filippus? Wie Mij gezien heeft, heeft de Vader gezien; en hoe kunt u dan zeggen: Laat ons de Vader zien?* (Johannes 14:9)

Door te komen om de wil van de Vader te doen, en door te doen wat God beoogde, openbaarde Jezus de Vader. Met andere woorden, de manier waarop Hij de onzichtbare Vader bekend maakte aan de wereld, was door de wil van de Vader te doen, de taken te vervullen die de Vader Hem had toegewezen.

Ons derde gedeelte komt uit het gebed dat Jezus uitsprak met betrekking tot de taak die Hem door de Vader gegeven was:

Ik heb U verheerlijkt op de aarde. Ik heb het werk volbracht dat U Mij gegeven hebt om te doen. (Johannes 17:4)

Bij het volbrengen van de opdracht die Hem door de Vader was toebedeeld, verheerlijkte Jezus de Vader. Dit is het model: De Vader koos Jezus, heiligde Hem, en zond Hem uit om een opdracht te vervullen. Jezus ontdekte de wil van God zoals die geschreven stond in de boekrol en zei: 'Zie, Ik kom om Uw wil te doen' (zie Psalm 40:8-9). Hij getuigde: *Want Ik ben uit de hemel neergedaald, niet opdat Ik Mijn wil zou doen, maar de wil van Hem Die Mij gezonden heeft* (Johannes 6:38). In het doen van de wil van de Vader, was Hij in staat om in feite te zeggen: 'Als je mij de wil van de Vader hebt zien doen, dan heb je de Vader gezien (zie Johannes 14:9). En, in het vervullen van de taak, zei Jezus: 'Ik heb de Vader verheerlijkt' (zie Johannes 17:4).

Dus Jezus bereikte deze resultaten: 1. Hij openbaarde de Vader; 2. Hij verheerlijkte de Vader. We herkennen hierin direct het ultieme doel van heiliging: om Degene die heiligt te openbaren en te verheerlijken.

Parallel lopende processen

Nu we de relatie tussen de Vader en de Zoon bestudeerd hebben en de reactie van de Zoon naar de Vader gezien hebben, kunnen we verder met de relatie van Jezus tot Zijn discipelen. Als we opnieuw kijken naar Johannes 17, dan zien we dat Jezus bad:

Heilig hen door Uw waarheid; Uw woord is de waarheid. Zoals U Mij in de wereld gezonden hebt, heb ook Ik hen in de wereld gezonden. En Ik heilig Mijzelf voor hen, opdat ook zij geheiligd zijn in de waarheid. (Johannes 17:17-19)

Zonder taak eindigt heiliging als een betekenisloos ritueel of een lege doctrine, maar zonder toewijding aan God zelf, wordt de taak een leeg, betekenisloos werk

Het thema dat als een rode draad door dit gedeelte heen loopt, is heiliging. In vers 18 zegt Jezus in essentie tegen de Vader: 'Net zoals U Mij in de wereld gezonden hebt, zo zend Ik op precies dezelfde wijze de discipelen de wereld in. En, door het vervullen van Mijn wil, zullen de discipelen geheiligd zijn zoals Ik geheiligd was in het vervullen van de Vaders wil.' Het model van de relatie van Jezus met Zijn discipelen is een volmaakt model van de relatie van de Vader met Jezus.

Dan, als we zorgvuldig kijken naar Johannes 20:21, vinden we de volgende uitspraak van Jezus. Dit keer sprak Hij niet tot de Vader, maar rechtstreeks tot de discipelen.

Vrede zij u! Zoals de Vader Mij gezonden heeft, zend Ik ook u. (Johannes 20:21)

De relatie loopt precies parallel. De Vader koos, heiligde en zond Jezus uit voor een speciale taak die niemand anders kon vervullen. Hier in Johannes 20 doet Jezus precies hetzelfde bij Zijn discipelen waarbij Hij in feite tegen hen zegt: 'Ik heb je gekozen, Ik heb je geheiligd, en ik zend je uit om een speciale taak te vervullen die niemand anders kan vervullen.'

Onthoud alsjeblieft goed dat heiliging in de eerste plaats gebaseerd is op toewijding aan God, niet aan de taak. Zonder taak eindigt heiliging als een betekenisloos ritueel of een lege doctrine, maar zonder toewijding aan God zelf, wordt de taak een leeg, betekenisloos werk.

Geheiligd voor een taak

We kijken nu naar een Bijbelgedeelte dat je volle aandacht vraagt om zien wat de toepassing ervan is in je leven. Het gaat om Hebreeën 2:11:

Immers, zowel Hij Die heiligt als zij die geheiligd worden, zijn allen uit één. Daarom schaamt Hij Zich er niet voor hen broeders te noemen.

In dit vers wordt verwezen naar drie personen of groepen mensen.

1. Degene die heiligt
2. Degenen die geheiligd worden
3. Degene vanuit wie zij allen komen

Neem een moment om na te denken naar wie in elk van de gevallen wordt verwezen. Wie is degene naar wie verwezen wordt als 'Hij die heiligt'? (Denk goed na voordat je antwoord geeft.) Het is *of* de Vader *of* Jezus, niet? Het juiste antwoord is Jezus. Jezus is degene die de discipelen heiligt. Wie zijn degenen die geheiligd worden? Het juiste antwoord is: de discipelen.

We hebben nog één Persoon uit ons Bijbelgedeelte over om te identificeren. Degene waarvan gezegd wordt: '...zij zijn allen uit één.' Wie is die Ene? De Vader natuurlijk. Vanuit de Vader komen 'Hij die heiligt' en 'zij die geheiligd worden door Hem'. De Vader heiligt de Zoon; de Zoon heiligt de discipelen. Allen komen zij voort uit Eén: de Vader.

Onthoud echter dat de heiliging van Jezus niet volkomen was totdat Hij had gereageerd op de wil van de Vader en had gezegd: 'Ik heilig mezelf. Vader, U heeft mij apart gezet en nu zet ik mezelf apart voor de opdracht die U aan mij heeft geopenbaard.' Op dezelfde manier is jouw en mijn heiliging, als discipelen van Jezus, niet volkomen totdat wij op onze beurt zeggen: 'Jezus, U heeft me gekozen, U heeft me geheiligd, en nu heilig ik mezelf voor U en voor de taak die U voor mij heeft om te doen.'

Het model dat we zojuist beschreven hebben, is voor mijn gevoel logisch en kloppend. Eerlijk, ik heb heel wat jaren geworsteld om te proberen iets logisch te vinden in deze leerstelling van heiliging. Het enige wat ik kon bedenken en waar ik steeds opnieuw uitkwam, waren regels: Doe dit niet, doe dat niet, doe dat andere niet... Drink niet, rook niet, dans niet, vloek niet...

Toen ik ooit in Kopenhagen sprak, zei ik: 'Midden in jullie stad staat een standbeeld dat niet drinkt, niet danst, niet rookt en niet vloekt. Maar het is geen christen. Als dat alles is wat christen zijn betekent, plant dan een boom. Die drinkt ook niet, danst niet, rookt niet, vloekt niet, gaat niet naar de disco, draagt geen lippenstift, doet niets wat je verkeerd zou kunnen noemen, en noem die boom dan een christen.' Zoals ik al zei, ik heb voor mezelf door deze materie heen moeten worstelen voordat ik een duidelijk, helder begrip kreeg van wat heiliging inhoudt. En door de genade van God geloof dat ik het gevonden heb. Het is heel eenvoudig. De Vader koos, heiligde, en zond Jezus uit voor een opdracht. Jezus antwoordde door te zeggen: 'Vader, ik heb mezelf geheiligd. Nu ga ik uw opdracht volbrengen.' En Hij volbracht het aan het Kruis.

Jezus kiest, heiligt en zendt de discipelen uit voor een taak. Maar iedere discipel moet reageren op Jezus zoals Hij reageerde op de Vader. Jij en ik, als discipelen van Jezus, moeten ons tot Jezus keren en zeggen: 'Jezus, ik erken dat U mij gekozen hebt. Ik erken dat U mij geheiligd hebt. En nu heilig ik mezelf voor de taak waarvoor U mij gezonden hebt.'

Het doel van heiliging

Het is heel belangrijk dat we dit model van heiliging begrijpen in de context van Gods ultieme doel met heiliging. We zien duidelijk dat in het vervullen van de opdracht, de discipel volbrengt wat Jezus volbracht voor de Vader. Wat deed Jezus voor de Vader? Hij openbaarde en verheerlijkte Hem.

Dit principe is ook direct van toepassing op jou en mij als discipelen. Als jij je opdracht ontdekt, dan zet je jezelf apart, allereerst voor Jezus en ten tweede voor de taak. Dan, als je de wil van Jezus doet en de taak vervult, breng je deze twee resultaten tot stand: je openbaart en verheerlijkt Jezus. Wat is dus het einddoel van onze heiliging? Dat Jezus wordt geopenbaard en verheerlijkt.

het doel van heiliging is niet ons heiliger te maken dan andere mensen

Heel vaak heeft God in feite gezegd tegen Zijn volk onder het oude verbond: 'De heidenvolken zullen weten dat Ik God ben, als Ik in u voor hun ogen geheiligd word' (zie bijvoorbeeld Ezechiël 36:23).

Het doel van heiliging is niet om ons anders te maken dan andere mensen. Het is niet om ons 'heiliger' te maken. Het is niet om te leven naar een serie negatieve regels. Het doel is om Jezus Christus te openbaren en te verheerlijken, Degene die heiligt. Maar dat resultaat vraagt om een reactie van degene die geheiligd wordt, net zoals Jezus moest reageren op de Vader, die Hem heiligde.

Laten we nu nog eens kijken naar Hebreeën 2:11. Ik vertrouw erop dat het je nu veel duidelijker geworden is dan de eerste keer dat we deze tekst bespraken.

Immers, zowel Hij Die heiligt (Jezus) *als zij die geheiligd worden* (Zijn discipelen of volgelingen), *zijn allen uit één* (de Vader). *Daarom schaamt Hij Zich er niet voor hen broeders te noemen.*

Natuurlijk schaamt Jezus zich er niet voor hen broeders te noemen, want in het vervullen van Zijn wil in heiliging, laten ze Zijn aard en karakter zien! Ze krijgen dezelfde familietrekken. Ze worden net als

Hij, niet alleen in theorie, niet alleen door een leerstelling, maar in karakter en aard. Ze hebben bewezen kinderen van God te zijn, door de natuur van de Vader en Zijn familie te laten zien.

HOOFDSTUK 18

HET PRACHTIGE GEHEIM

In dit hoofdstuk gaan we dieper in op de details van hoe wij kunnen reageren op Gods keuze voor ons om Zijn doelen te volbrengen.

Niet u hebt Mij uitverkoren, maar Ik heb u uitverkoren, en Ik heb u ertoe bestemd dat u zou heengaan en vrucht dragen, en dat uw vrucht zou blijven... (Johannes 15:16)

De keuze waar hier over gesproken wordt, begint niet bij de discipelen. De keuze begint bij de Heer Jezus Christus. Hij koos ons. Hij heeft ons ervoor bestemd om erop uit te gaan en de opdrachten te volbrengen die Hij ons gegeven heeft. En in het vervullen van de taken, brengen we direct ook blijvende geestelijke vrucht voort.

Als we ons bewegen in de vervulling van Zijn goddelijke opdracht, dan krijgt ook de rest van het Bijbelgedeelte gestalte.
...opdat wat u ook maar van de Vader vraagt in Mijn Naam, Hij u dat geeft. (vers 16)

Als je beweegt in de wil van God, dan zullen alle frustraties, belemmeringen en wrijving verdwijnen. Wandelend in perfecte harmonie met Gods wil, zul je Zijn doelen bereiken, en dan zullen je gebeden beantwoord worden ten bate van de vervulling van Zijn doelen. Dit is volgens mij het geheim van beantwoord gebed: het is perfect in harmonie zijn met de wil van God.

Dit was ook het geheim van Jezus' leven hier op aarde. Hij was nooit te laat. Hij was nooit te vroeg. Hij was nooit gehaast. Nooit ongerust. Nooit wanhopig. Hij had nooit enig gebrek. Alles wat Hij en Zijn discipelen nodig hadden, was altijd beschikbaar. Waarom? Omdat Hij bewoog in volkomen harmonie met de wil van de Vader.

Bewegen in Gods doelen

Als jij en ik leren wat onze rol is in Gods doelen, en gaan bewegen in harmonie met deze taken zodat ze volbracht worden, dan zullen we de uitwerking van Romeinen 8:28 gaan zien:

En wij weten dat voor hen die God liefhebben, alle dingen meewerken ten goede, (hier stopt men vaak, maar dit is niet het einde van dit vers) *voor hen namelijk die overeenkomstig Zijn voornemen geroepen zijn.*

Als je – vanuit je liefde voor God - beweegt in Zijn doelen, wandelt in je 'roeping naar Zijn voornemen', dan gaat alles meewerken ten goede. Het is als je beweegt in de doelen van God, dat alles wat je de Vader vraagt in Jezus' naam, zal gebeuren. Maar het geheim van dit alles is de taak van God voor jou te vinden, en die te vervullen.

Je kunt geen aanspraak maken op de belofte van Romeinen 8:28, als je niet in harmonie bent met de wil van God. Als je niet beweegt naar Zijn doelen, dan zijn er veel dingen die niet zullen meewerken ten goede in de beste betekenis. Het kunnen correcties zijn, het kunnen waarschuwingen zijn, het kan een manier zijn waarop God je in lijn brengt met Zijn wil. Maar het punt waarop echt alles in je leven meewerkt ten goede, komt pas tot stand wanneer je in perfecte harmonie bent met Zijn wil. Als God je gekozen heeft, en je gezonden heeft, en je beweegt voorwaarts in reactie op Hem, dan zul je vrucht voortbrengen - vrucht die blijvend is.

Er zijn veel mensen in allerlei christelijke bediening die vrucht voortbrengen die niet blijvend is, omdat het niet de vrucht is die God van hen had gevraagd. Ze wandelden niet in gehoorzaamheid aan Zijn wil. Ze zijn 'bezige bijtjes', druk met hun eigen projecten, proberend hun eigen ding te doen, vrijwilligers voor God.

Maar Jezus behandelde Zijn discipelen niet op die manier. Hij zei: 'Jij hebt niet mij uitgekozen. Ik koos jou.' Alles wat je doet buiten de keuze van God is slechts hout, hooi en stro, dat verbrand zal worden op de dag van het oordeel (zie 1 Korinthe 3:11-13).

'Bezige bij' geloof tegenover echt geloof

Ik ben tot de volgende conclusie gekomen: het grootste obstakel voor 'echt geloof' is dit zogenaamde 'bezige bij'-geloof. Je zegt misschien: 'Ja maar ik probeer allerlei dingen voor U tot stand te brengen, Heer! Ziet U hoe hard ik bid? Ik ben vastbesloten te blijven bidden totdat deze man zal genezen.' Zolang je al die vleselijke moeite en eigenwil in je geloof blijft stoppen, zal echt geloof een vreemde voor je zijn.

Door de jaren heen heb ik vele holle, uit-de-bocht-geschoten uitingen gehoord over bidden in geloof en bidden in eenparigheid zoals: 'Als we éénparig bidden, dan zal het gebeuren!'. Zelf heb ik ook geregeld onderwijs gegeven over Matteüs 18:19, waar deze begrippen worden genoemd. Maar we weten ook heel goed dat het geregeld voorkomt dat mensen eenparig bidden voor iets, maar het gebeurt niet. Hoe komt dat? Omdat er meer komt kijken bij geestelijke eenparigheid dan een verstandelijke beslissing. Een voorbeeld,

als ik stop met mijn bezige-bij activiteiten, kan God verbazend werken

laten we zeggen dat we het eens zijn dat we moeten bidden voor een broeder die in het ziekenhuis ligt. Er moet harmonie zijn in die overeenkomst. Ten eerste, harmonie met de wil van God, ten tweede harmonie tussen hen die bidden.

Ik heb geleerd dat als ik even terugstap en mijn bezige-bij activiteiten even stil zet, als ik stop met het doen van mijn eigen ding, dan is het verbazingwekkend wat God vervolgens kan doen. Ik ben ervan overtuigd dat de belangrijkste reden dat de Kerk niet het geloof heeft dat ze zou moeten hebben (en zou willen hebben) is dat de Kerk zo druk is met het doen van allerlei dingen die God niet gevraagd heeft. Jezus zei: 'Jij hebt niet mij uitgekozen, maar Ik koos jou en stelde je aan zodat je uit zou kunnen gaan en vrucht dragen.' Op die basis zal je vrucht blijvend zijn. En op die basis zal alles wat je de Vader vraagt in de naam van Jezus, je door God gegeven worden. (Zie Johannes 15:16.) Als die basis echter ontbreekt omdat je actief bent vanuit je ziel, dan kun je geen aanspraak maken op de vervulling van de beloften.

Geschapen voor goede werken

In het boek Efeze zien we een waarheid die overeenkomt met het bekende laatste deel van Romeinen 8:28: *...voor hen namelijk die overeenkomstig Zijn voornemen geroepen zijn*:

Want wij (gelovigen) zijn Zijn (Gods) maaksel, geschapen in Christus Jezus om goede werken te doen, die God van tevoren bereid heeft, opdat wij daarin zouden wandelen. (Efeze 2:10)

Jij en ik zijn Gods maaksel (het basiswoord dat hier staat betekent eigenlijk 'kunstwerk' of 'vakmanschap'). Beste vriend, lieve vriendin, als gelovige in de Heer Jezus ben jij Gods schepping. Bekritiseer jezelf niet. Denk en spreek niet klein over jezelf. Praat niet de hele tijd over wat je niet kunt. Herhaal niet voortdurend al je fouten. Waarom zou je op die manier over jezelf praten? Als je dat doet, dan bekritiseer je eigenlijk het vakwerk van God. De Bijbel zegt: *Wij zijn Zijn vakmanschap.*

denk en spreek niet klein over jezelf, want je bent Gods schepping

Deze gedachte wordt op een andere manier weergegeven in Romeinen 9:20:

Maar, o mens, wie bent u toch dat u God tegenspreekt? Zal ook het maaksel tegen hem die het gemaakt heeft, zeggen: Waarom hebt u mij zó gemaakt? Het is niet aan de klei om de pottenbakker te vertellen wat hij moet doen, of wat hij anders had moeten doen. De Heer is de pottenbakker. Wij zijn de klei. Hij heeft ons gemaakt zoals Hij vond dat we moesten zijn, want Hij had een doel voor ogen (zie Romeinen 9:21; Jesaja 64:8).

Wij zijn Zijn maaksel, geschapen in Christus Jezus om goede werken te doen, die God van tevoren bereid heeft. De woorden 'tevoren bereid' betekenen 'voor de grondlegging van de wereld'. God bepaalde de werken, de 'goede werken', waar jij en ik in zouden moeten wandelen. We hoeven niet zelf te beslissen wat we moeten doen. We moeten ontdekken wat God voor ons bestemd heeft om te doen.

Eerder werkte ik met een fijne groep mensen in het zendingsveld. Ze waren geweldig, maar ik moet zeggen dat ik nog nooit van mijn leven zoveel commissievergaderingen heb bijgewoond als in die periode. (Ik denk dat mijn allergie voor commissies en vergaderingen in die tijd moet zijn ontstaan.) We kwamen bij elkaar en zeiden: 'Wat zullen we doen?' Op een gegeven moment zei ik tegen mijn gewaardeerde broeders: 'Beste mensen, we kruipen uit de ene crisissituatie, net op tijd om in de volgende crisis te belanden. Dit kan toch Gods bedoeling niet zijn.' Wat was het probleem? We moesten stoppen met proberen te besluiten wat wij zouden doen, en beginnen met uit te vinden wat God had besloten dat we zouden moeten doen.

Laten we stoppen met proberen ons eigen leven te plannen, of onze eigen bediening en zendingswerk. Laten we in plaats daarvan gaan uitzoeken wat God al voor de grondlegging van de wereld voor ons besloten had om te doen. Wat een opluchting is het als je eenmaal beseft dat jij de plannen niet hoeft te maken! Het enige wat je hoeft te doen is de plannen ontdekken die God al gemaakt heeft.

Het prachtige geheim ontdekken
Laten we kort terugkeren naar de woorden van Psalm 40: *in de boekrol is over Mij geschreven* (vers 8). Jezus plande Zijn eigen leven en bediening niet. Hij ontdekte in de boekrol wat God had gepland, en zei vervolgens: *Ik vind er vreugde in, Mijn God, om Uw welbehagen te doen.* (vers 9)

Dit is een prachtig geheim. God heeft in Zijn Boek iets geschreven, net zo goed voor jou als voor Jezus. En je zult echt gelukkig zijn als je gevonden hebt wat in de boekrol voor jou geschreven is en als je begint om dat ten uitvoer te brengen.

Stop met zo druk bezig zijn. Stop met actief zijn. Stop met proberen 'het goede te doen'. Stop met proberen 'geestelijk' te zijn. Met andere woorden, kom voor een poosje met je beide benen op de grond. Ik ben ervan overtuigd dat als iets niet praktisch is, dan is het ook niet geestelijk. Als het niet werkt, dan kan het goed zijn dat het niet Gods bedoeling is. Begin te ontdekken wat Hij voor jou geschreven heeft in Zijn Boek en ga dan doen waar je voor geroepen bent, op een praktische manier die werkt.

Misschien vraag je je af: 'Hoe kan ik weten wat Gods wil is voor mijn leven?' Dat is het onderwerp van ons volgende hoofdstuk.

HOOFDSTUK 19

EEN LEVEND OFFER

We zullen nu kijken naar de eerste zes verzen van Romeinen 12, waarin we een belangrijke sleutel vinden om Gods doelen voor ons te ontdekken, en daar vervolgens naar te gaan leven. Deze tekst begint met: *Ik roep u er **dan** toe op, broeders, om uw lichamen aan God te wijden...* We hebben inmiddels geleerd: zodra er een signaalwoordje zoals 'dan' of 'daarom' voorkomt in een Bijbeltekst, moeten we altijd kijken naar de voorgaande tekst, om te ontdekken in welke context de Bijbeltekst is geschreven.

Om te begrijpen waarom dit specifieke woordje 'dan' is toegevoegd, moeten we eerst begrijpen hoe de totale Romeinenbrief is opgebouwd. De structuur van Romeinen kunnen we als volgt samenvatten:

- Hoofdstuk 1 t/m 8 bevat de basis van de christelijke leer. Systematisch worden in deze hoofdstukken de fundamentele waarheden van het evangelie van Jezus Chirstus ontvouwd.

- Hoofdstuk 9,10 en 11 vormen een soort excursie, of diepere bespreking, van Gods omgang en plan met het volk Israël. Daarbij inbegrepen een verklaring waarom Israël, voor een bepaalde afgebakende tijd, opzij is gezet, met vervolgens een beschrijving hoe Israël vervolgens weer verzoend zal worden met God. Het was zo uitzonderlijk dat Israël voor een periode opzij werd gezet, dat Paulus het nodig vond om drie hoofdstukken van de brief te wijden aan het uitleggen van die situatie.

- Hoofdstuk 12 t/m 16 bevat vervolgens de praktische uitwerking van de fundamentele waarheden die in de voorgaande hoofdstukken zijn beschreven. Deze hoofdstukken helpen ons om de eerdere geloofswaarheden in het praktische dagelijkse leven toe te passen. Daarom begint de eerst zin van hoofdstuk 12 met het woordje 'dan'... (in de betekenis van 'daarom'). Wat in hoofdstuk 12 begint, staat in het licht van alles wat in hoofdstuk 1t/m11 is gezegd.

In Romeinen 12 : 1-6 is het alsof God tegen ons zegt: 'Zo, en dit is hoe ik wil dat je antwoordt...' Dit is wat Hij van ons verwacht:

Ik roep u er dan toe op, broeders, door de ontfermingen van God, om uw lichamen aan God te wijden als een levend offer, heilig en voor God welbehaaglijk: dat is uw redelijke godsdienst. En word niet aan deze wereld gelijkvormig, maar word innerlijk veranderd door de vernieuwing van uw gezindheid (NBG: *uw denken*) *om te kunnen onderscheiden wat de goede, welbehaaglijke en volmaakte wil van God is. Want door de genade die mij gegeven is, zeg ik ieder onder u niet hoger te denken dan hij moet denken, maar laat hij denken in bescheidenheid, naar de mate van geloof zoals God die aan ieder heeft toebedeeld. Want zoals wij in één lichaam vele leden hebben en de leden niet alle dezelfde functie hebben, zo zijn wij, hoewel velen, één lichaam in Christus, maar ieder afzonderlijk leden van elkaar. En nu hebben wij genadegaven, onderscheiden naar de genade die ons is gegeven...*

God wil jou

In bovenstaande verzen ontvouwde Paulus een aantal opeenvolgende, logische stappen. Wat is de eerste stap die God van ons verwacht? Dat je je lichaam aan Hem toewijdt (zie Romeinen 12:1). De meeste mensen beginnen met het geestelijke, maar God begint met het natuurlijke. Hij zegt: 'Ik wil je lichaam – met alles erop en eraan. Ik wil je helemaal – geest, ziel en lichaam. Geef Mij het vat, en de inhoud ervan wil ik ook.'

Vervolgens zegt God: 'Ik wil dat je je lichaam aanbiedt op het altaar, als een *levend offer.* Deze instructie van God is een bewuste afwijking van de gangbare offers in het Oude Testament, waar het offerdier eerst werd gedood voordat het op het altaar werd gelegd. God zegt: 'Ik wil dat je je lichaam aan mij aanbiedt op als een offer, precies zoals de offerdieren onder het oude verbond op het altaar werden gelegd, met één groot verschil: ik wil jou niet dood, maar levend!' Dat is het enige verschil – verder is het beeld precies gelijk.

Toen Paulus zei dat ons lichaam moeten aanbieden als een *levend offer ... voor God welbehaaglijk* (= aanvaardbaar), voegde hij nog toe: *dit is uw redelijke godsdienst* (andere vertalingen zeggen: *uw ware eredienst* (NBV), *uw ware aanbidding* (Good News Bible), *uw geestelijke dienstbetoon* (King James Version). Paulus' bedoeling kunnen we volgens mij als volgt overbrengen: 'In het licht van alles wat God voor je heeft gedaan, is dit het minste wat je kunt doen. In het licht van de waarheid van het evangelie, is dit de redelijke, gepaste reactie.' God wil *jou* – je lichaam, je geest, je denken, je talenten, alles wat je bent en hebt. Wat is jouw antwoord? Je moet het aanbieden op het altaar.

> *je lichaam op het altaar leggen is jezelf overgeven aan Jezus ' dienst*

Het altaar geeft waarde aan het offer

Om meer zicht te krijgen op de betekenis van het altaar, zullen we kijken naar een prachtige illustratie uit Matteüs 23. In dit Bijbelgedeelte sprak Jezus de Joodse godsdienstige leiders aan op hun dwaze interpretaties van de Schrift. Om één ding te noemen, ze zeiden dat als je zweert bij het altaar in tempel, dan is dat niet erg; je hoeft de eed die je aflegt niet te houden. Maar als je zweert bij het offer of de gave die op het altaar is gelegd, dan ben je gebonden om je eed wel te houden. Jezus bestrafte hen en zei:

Dwazen en blinden! Want wat is meer, de gave of het altaar, dat de gave heiligt? (Matteüs 23:19)

Merk alsjeblieft op dat het niet de gave of het offer is, wat het altaar waarde geeft. Het is het altaar dat waarde geeft aan het offer. Het offer heiligt niet het altaar; het altaar heiligt het offer dat erop wordt gelegd. Daarom is het zo dat als jij je lichaam op Gods altaar legt, dan heiligt het altaar jouw lichaam. Zo lang jij op het altaar blijft, word jij geheiligd door het altaar. Denk hier goed over na: Als jij op enig moment je leven weer van Gods altaar afhaalt, omdat je besluit je eigen weg te gaan, het op je eigen manier te doen, of 'je eigen ding te doen' om jezelf te plezieren, dan verbreek je jouw contact met het altaar. Op dat moment stopt het process van jou heiliging, want het altaar heiligt alleen het offer zolang het op het altaar ligt.

Blijf altijd dankbaar dat God bereid is om jou te aanvaarden. Jij bewijst God geen dienst door Hem je leven te geven. God bewijst jou een dienst door je leven te aanvaarden als een offer. En Hij aanvaardt het, niet op basis van wie of wat jij bent, maar op basis van het altaar waar jij je leven op legt, namelijk Jezus Christus en die gekruisigd. (1 Korinthiërs 2:2)

Vernieuwing van je denken

We gaan naar Romeinen 12:2: En wordt niet gelijkvormig aan deze wereld, maar wordt hervormd door de vernieuwing van uw denken, opdat gij moogt erkennen wat de wil van God is, het goede, welgevallige en volkomene. (NBG)

Wat gebeurt er als jij je lichaam op het altaar legt? Je denken wordt dan vernieuwd. Je innerlijke houdingen, je motivaties, je ambities en verwachtingen, je relaties, je inschattingen en al je standaarden worden vernieuwd. En terwijl op al deze gebieden je gedachten worden vernieuwd, verandert ook je hele manier van leven. Je bent niet langer gelijkvormig aan de wereld, maar je wordt op een nieuwe gevormd door de vernieuwing van je denken.

Laten we de manier van leven in de wereld eens bekijken, aan de hand van wat 1 Johannes 2:15-17 beschrijft over de houding van de vleselijke natuur. Vervolgens beschrijft vers 17 de geest en de houding van iemand die vernieuwd is in zijn denken, doordat hij zijn leven op het altaar heeft gelegd.

Heb de wereld niet lief en ook niet wat in de wereld is. Als iemand de wereld liefheeft, is de liefde van de Vader niet in hem. Want al wat in de wereld is: de begeerte van het vlees, de begeerte van de ogen en de hoogmoed van het leven, is niet uit de Vader, maar is uit de wereld. En de wereld gaat voorbij met haar begeerte; maar wie de wil van God doet, blijft tot in eeuwigheid. (1 Johannes 2:15-17)

Het vleselijke denken is gericht op *de begeerte van het vlees, de begeerte van de ogen en de hoogmoed van het leven.* Het wordt in beslag genomen door de tijdelijke dingen, de dingen die niet blijvend zijn maar die voorbijgaan – dingen die geen echte, blijvende waarde hebben. Maar als je vernieuwd word in je denken en je begint de wil van God te doen zoals Hij die heeft geopenbaard aan jouw vernieuwde denken, dan *blijf je tot in eeuwigheid.*

Is dit geen heerlijke Bijbeltekst? Waarom zou je niet eventjes pauzeren en dit hardop belijden: Wie de wil van God doet, blijft tot in eeuwigheid.

Ik wil je iets heel bemoedigends zeggen. Als je Gods wil doet, dan ben je onzinkbaar. Je bent onverslaanbaar. Onvernietigbaar. Niets kan je weerhouden, als jij beweegt in de wil van God.

Hoe belangrijk is het dan om de wil van God te vinden en die te doen! Hoe kun je die vinden? Bied je lichaam aan als een levend offer voor God. Als jij je lichaam aanbiedt, dan word je denken vernieuwd. En als je denken wordt vernieuwd, dan kun je Gods wil vinden.

De wil van God vinden

Het tweede deel van Romeinen 12:2 helpt ons om een belangrijk aspect van Gods wil te begrijpen:

En wordt niet gelijkvormig aan deze wereld, maar wordt hervormd door de vernieuwing van uw denken, opdat gij moogt erkennen wat de wil van God is, het goede, welgevallige en volkomene. (NBG)

Laten we realistisch zijn. Het oude, onvernieuwde denken kan de wil van God niet vinden. Waarom niet? Paulus zei in Romeinen 8:7: *Immers, het denken van het vlees is vijandschap tegen God.* God zal zijn wil simpelweg nooit openbaren aan het vleselijke denken. Maar als je denken vernieuwd is, dan begint het in de praktijk te ontdekken en ervaren wat Gods wil is voor je leven.

Gods wil voor jou ontdek je in drie opeenvolgende fasen: 1. Het goede; 2. Het welgevallige (aangename); 3. Het volkomene (volmaakte). Als je leven in lijn komt met Gods wil, dan ontdek dat God in alles heeft voorzien, tot in het kleinste detail. Maar er is de vernieuwing van je denken voor nodig om die wil van God te ontdekken en daarmee in lijn te komen. En terwijl je begint te bewegen, ontdek je eerst dat Gods wil goed is. Vervolgens ontdek je dat Zijn wil zelfs aangenaam is. En uiteindelijk kom je bij de conclusie dat Gods wil voor jou volkomen is - volmaakt!

Wandelen naar de mate van je geloof

Romeinen 12:3 leert ons de volgende stap nadat we Gods wil hebben ontdekt:

Want door de genade die mij gegeven is, zeg ik ieder onder u niet hoger te denken dan hij moet denken, maar laat hij denken in bescheidenheid (ootmoedig en realistisch), naar de mate van geloof zoals God die aan ieder heeft toebedeeld.

God heeft jou de mate van geloof gegeven die je nodig hebt om zijn wil te doen. Houd in gedachten dat God je niet een hoeveelheid geloof gegeven heeft die past bij andere dingen dan Zijn wil voor jou. Zodra je Gods wil gevonden hebt, is er een balans tussen Gods wil en jouw geloof. Als iemand altijd aan het worstelen is met voldoende geloof om zijn doel of opdracht te kunnen vervullen, dan weet je bijna zeker dat die persoon waarschijnlijk niet (volledig) wandelt in de wil van God. Dit Bijbelvers maakt duidelijk dat als je Gods wil gevonden hebt, je ook direct zeker mag weten dat God in jou ook de mate van geloof heeft gelegd die nodig is om de opdracht die Hij je gegeven heeft, te volbrengen.

als God je niet het geloof voor iets geeft, dan heeft Hij je dat niet gevraagd

Vele jaren geleden verhuisde mijn eerste vrouw, Lydia, naar Jeruzalem, zonder enige ondersteuning op menselijk vlak. Ze liet daarbij een stabiele, zekere toekomst met een fijn thuis en een goede baan achter in Denemarken. Eenmaal in Israël begon Lydia kleine, in de steek gelaten meisjes in huis te nemen. Uiteindelijk heeft ze ongeveer zeventig kinderen grootgebracht die anders kansloos waren geweest – en dat vrijwel zonder financiële middelen. Toen ze de eerste baby in haar huis opnam, had Lydia ongeveer zes dollar in haar portemonnee. Ze had geen wiegje en geen beddengoed. Ze deed simpelweg haar reiskoffer open, legde daar wat zachte kleren in, wikkelde de baby in een wollen trui en legde haar in de koffer. Dat is hoe Lydia haar kinderhuis begon. Vele nachten heeft ze doorgebeden, om voor de kinderen 's morgens ontbijt te hebben.*

Toen Lydia en ik elkaar later leerden kennen en we plannen maakten om te gaan trouwen, dacht ik bij mezelf: Ik weet niet of ik wel opgewassen ben tegen zo'n soort leven. Ik weet niet of ik wel zoveel geloof heb. Ik herinner me hoe de Heer zo lief en geruststellend antwoord gaf op mijn bezorgdheid: 'Jij hebt die mate van geloof niet nodig, want ik heb jou niet gevraagd om zo'n soort leven te leiden. Ik heb jou de mate van geloof gegeven voor datgene wat ik van *jou* vraag.'

Lydia heeft in de jaren nadat we getrouwd waren geregeld tegen me gezegd: 'Vandaag kon ik het niet.' Waarom niet? Omdat God het in die tijd van haar leven niet van haar vroeg. Wat God van je vraagt, daar geeft Hij je geloof voor. Maar als God je niet het geloof voor iets geeft, dan heeft Hij het je niet gevraagd.

Als er een constante onbalans is tussen je geloof dan datgene wat je probeert te doen, let dan goed op, lieve vriend, dan kon het wel eens zijn dat je bezig bent het verkeerde voor elkaar te krijgen. Misschien komt dat doordat je Gods wil voor jou niet of niet volledig hebt gevonden. En een mogelijke reden daarvoor kan zijn dat je denken nog niet vernieuwd is. En als dat zo is, kan het dan zijn dat je je lichaam (je mogelijkheden) niet op het altaar hebt gelegd?

---

* Het indrukwekkende verhaal van Lydia Christensen – voordat zij met Derek getrouwd was – kun je lezen in het boek *Ontmoeting in Jeruzalem*.

Deel zijn van het Lichaam van Christus

In vers 4 en 5 van Romeinen 12 gaan we verder met de volgende stap, nadat we onze mate van geloof hebben erkend.

Want zoals wij in één lichaam vele leden hebben en de leden niet alle dezelfde functie hebben, zo zijn wij, hoewel velen, één lichaam in Christus, maar ieder afzonderlijk leden van elkaar.

Je volgende ontdekking is dat je een onderdeel bent van het Lichaam van Christus. Jij hebt een bepaalde plaats en een specifieke functie. Het is essentieel om jouw plaats in het Lichaam te ontdekken. Er is namelijk maar één plek waar je echt goed kunt functioneren, en dat is de plaats waar God je bedoeld heeft. Als God jou gemaakt heeft als een 'hand', dan zul je je beroerd voelen als je probeert de rol te vervullen van een 'voet'. Als God jou bedoeld heeft als een oog, dan zul je nooit goed kunnen functioneren als een oor (zie 1 Korinthiërs 12:14-27). Je moet jouw plaats in het Lichaam zien te vinden. Als je ontdekt wel lichaamsdeel jij bent, dan zul je moeiteloos kunnen functioneren – ontspannen, vrij, in geen enkele situatie verlegen.

Mijn hand heeft er helemaal geen moeite mee om een hand te zijn. Hij vindt het zelfs leuk! Hij kan alles wat een hand moet doen. Maar als je mijn hand opdraagt te gaan functioneren als een voet en zegt: 'Trek nu een schoen aan en ga lopen', dan komen er onafzienbare problemen! Ongelukkig genoeg zijn er in het Lichaam van Christus vandaag heel wat handen aan het proberen een voet te zijn. En heel wat ogen die proberen te luisteren als een oor… De reden hiervoor is dat mensen niet de stappen hebben gevolgd die Gods Woord beschrijft om hun plaats in het Lichaam te ontdekken.

Oefen je gaven

De laatste waarheid die we vanuit Romeinen 12 zullen bekijken is: *En nu hebben wij genadegaven, onderscheiden naar de genade die ons is gegeven...* (verschillende andere vertalingen, waaronder WV, zeggen even later: *...gebruik die dan...*)

Op dit punt komen de gaven in het spel. Niet aan het begin, maar aan het eind van de opsomming. Als jij je plaats gevonden hebt, als je bezig bent met je opdracht, als je jouw door God bedoeld functie vervult, weet je wat je dan ontdekt? Dan zul je ontdekken dat je precies de gaven hebt die je nodig hebt!

Bid alsjeblieft niet vanuit je eigen voorkeur en wensen: 'Heer, geef mij de gave van profetie', of: 'Ik wil graag de gave van genezing'. Op die manier moet je niet bidden. Bid liever als volgt: 'Heer, laat me zien wat mijn plaats in het Lichaam van Christus is. Toon mij wat U wilt dat ik doe!'

mijn hand heeft er helemaal geen moeite mee om een hand te zijn - hij vindt het zelfs leuk

Eerlijk gezegd denk ik dat je niet eens om gaven meer hoeft te bidden als je je plaats vindt en begint te functioneren in je opdracht. Tot je eigen verrassing zul je ontdekken dat de gaven gewoon beginnen te functioneren.

Toen ik op een gegeven moment terechtkwam in de bevrijdings-bediening, begonnen er bij mij twee geestelijke gaven als vanzelf te functioneren in mijn leven, zonder enige planning of actieve poging van mijn kant. De ene gave wat de *onderscheiding van geesten* en de andere was het *woord van kennis* (zie 1 Korinthiërs 12:7-10). Ik herinner me uit die eerste tijd een poging tot bevrijding, bij een vrouw uit Denver (Colorado), in 1964. Er waren in de ruimte verschillende mensen aan het bidden en ik zat naast haar op een bank. Ze keek me hulpeloos aan en ik voelde me erg bewogen met haar. Tot mijn eigen verrassing hoorde ik mezelf zeggen: 'Je hebt bevrijding nodig van...' En vervolgens somde ik ongeveer vijftien soorten geesten op, terwijl ik bij mezelf dacht: waar kwam dat vandaan? Hoe wist ik dat? Maar bijna tegelijkertijd realiseerde ik me: dat moet een woord van kennis zijn geweest. Ik hoefde niet eerst vijf dagen te zwoegen in gebed en vasten en God vragen: 'Heer, geef me het woord van kennis...' Nee, ik was aangeland op het punt waar ik een woord van kennis nodig had om de wil van God te doen. En God zag erop toe dat ik het woord van kennis ontving dat in dit geval nodig was om de vrouw vrij te zetten. Dat is de juiste volgorde.

De Goddelijke, logische volgorde

Voor we dit hoofdstuk afsluiten, herhalen we kort en krachtig nog even (op basis van Romeinen 12:1-6) ons volledige, gepaste antwoord op Gods keuze om ons te heiligen voor de opdracht die Hij voor ons heeft.

1. Je bied je lichaam aan op Gods altaar (Jezus Christus en die gekruisigd). Als je die stap nog nooit genomen hebt, dan zal ik je aan het eind van dit boek de gelegenheid daarvoor geven. Je moet namelijk zeker weten dat je deze stap echt genomen hebt. Als je het niet zeker weet, dan heb je hem waarschijnlijk nog niet genomen.

2. Als je je lichaam aanbiedt op Gods altaar, dan word je denken vernieuwd. Op vele manieren begin je totaal anders te denken. En daardoor ga je ook anders leven en handelen. Je bent dan niet meer gelijkvormig aan de wereld, maar je gedrag wordt totaal anders.

3. Gods wil voor jou wordt dan geopenbaard aan je vernieuwde denken. Stap voor stap ontdek je zijn wil, in drie opeenvolgende fasen: Gods wil voor jou is goed, aangenaam, en zelfs volmaakt.

4. Terwijl je Gods wil ontdekt, merk je dat je ook de mate van geloof ontvangt die je nodig hebt om zijn wil ten uitvoer te brengen. God geeft je precies genoeg geloof – niet meer en niet minder – dat je nodig hebt om zijn opdracht te vervullen.

5. Terwijl je Gods wil ontdekt, vind je ook je plaats en specifieke functie in het Lichaam van Christus. Je ontdekt wat voor 'ledemaat' jij bent en hoe jij het best functioneert.

6. En tenslotte, terwijl je je plaats leert zien en je begint daarin te functioneren, ontdek je direct dat je ook begint te functioneren in de gaven die je daarvoor nodig hebt.

Dit is de Goddelijke, logische volgorde als je een 'levend offer' bent. Dit is jouw gepast antwoord op Gods keuze om jou te heiligen. Opnieuw, Jezus zei: *Niet jij hebt Mij, maar Ik heb jou uitgekozen* (Johannes 15:16). Als je je realiseert dat God jou heeft uitgekozen, dan zul je als vanzelf antwoord geven naar de stappen die we in dit hoofdstuk besproken hebben, omdat je je realiseert dat jij voor Hem apart bent gezet.

HOOFDSTUK 20

JE LEVEN VORMGEVEN

Na wat je in het vorige hoofdstuk hebt gelezen, zul je ongetwijfeld begrijpen dat er dingen gaan veranderen in je leven. Terwijl Gods wil steeds meer aan je geopenbaard wordt, ga jij je hele leven steeds meer vormgeven en inrichten naar het vervullen van Gods wil. Het besef dat je door God apart bent gezet, biedt je duidelijke richting naar het ultieme doel van je leven. Dat is wat heiliging zo geweldig en betekenisvol maakt.

Om deze transformatie te bereiken - waardoor je jouw doel begint te vervullen en deel krijgt aan Gods eigen natuur - zul je jezelf moeten gaan beschouwen als een atleet die zich traint. In dat verband bekijken we twee uitspraken van Paulus. Eerst Handelingen 24:16, één van mijn favoriete verzen:

En daarom oefen ik mijzelf om altijd een zuiver geweten te hebben voor God en de mensen.

Om de conditie te bereiken en te behouden die Paulus hier beschrijft, moeten is er geestelijke oefening nodig, zoals hij ook zegt in de openingswoorden van dit vers. Er is ijver voor nodig.

Laten we vervolgens kijken naar 1 Korinthe 9, waar Paulus bewust de voorbeelden en principes uit de van atletische competitie van zijn tijd toepast op zichzelf als dienaar van Christus.

Weet u niet dat zij die in de renbaan lopen, allen wel lopen, maar dat slechts één de prijs ontvangt? Loop dan zo dat u die verkrijgt. En iedereen die aan een wedstrijd deelneemt, beheerst zich in alles. (1 Korinthe 9:24-25)

Iemand die succes wil hebben met atletiek, moet zichzelf zeer strakke discipline aanmeten.

Zij nu doen dat om een vergankelijke krans te ontvangen, maar wij om een onvergankelijke te ontvangen. (1 Korinthe 9: 25)

Atleten nemen deel aan een wedstrijd omdat ze een vergankelijke kroon willen winnen, zoals een gouden, zilveren of bronzen Olympische medaille. Maar wij disciplineren onszelf geestelijk voor een eeuwige medaille, een *onverwelkbare krans van de heerlijkheid.* (1 Petrus 5:4)

Paulus vervolgt:

Ik loop daarom niet zonder duidelijk doel... (1 Korinthe 9:26)

Hij zei: 'Ik weet waar ik heen ga. Ik weet wat ik wil. Ik loop niet maar wat heen en weer van de ene kant naar de andere kant en dwaal niet van de ene baan naar de andere. Ik heb een doel, en daar ga ik op af.

...en ik vecht zó met de vuist dat ik niet maar wat in de lucht sla.
(1 Korinthe 9:26)

Met andere woorden: 'Als ik de duivel en zijn machten tegenkom, dan richt ik mijn slagen daar waar ze het meest pijn doen. Ik zwaai niet maar wat rond met mijn vuisten in de hoop dat één van die slagen hen raakt.'

Maar ik oefen mijn lichaam op harde wijze en maak het dienstbaar, opdat ik niet misschien, na anderen gepredikt te hebben, zelf verwerpelijk (NBG: *afgewezen*) *word.* (1 Korinthe 9:27)

Paulus legt hier opnieuw de nadruk op het lichaam. Je moet je fysieke lichaam nooit verachten, geringschatten of kleineren. Je lichaam is het vat – de behuizing - waar je geest en je verstand in woont. Het is een woning of tempel van de Heilige Geest (zie 1 Korinthe 3:16; 6:19). Je hebt de plicht om die tempel in een zo goed mogelijke staat te houden. Je hebt de opdracht om jouw tempel heilig te houden, haar niet te ontheiligen met onreine of buitensporige gewoonten van welke aard dan ook. Je moet je niet overgeven aan vraatzucht of welke andere praktijk ook die de tempel van Gods Geest ontwijdt en verzwakt.

Paulus zei in feite: 'Ik behandel mijn lichaam zoals een atleet met zijn lichaam omgaat. Ik onderwerp het en laat het niet over mij de baas spelen.' Mag ik deze scherpe uitspraak doen? Het lichaam is een prima dienaar, maar een angstaanjagende meester. Laat daarom nooit jouw lichaam de baas zijn over jou. Wees jij zelf de baas over je lichaam.

Geregeld citeer ik de woorden van mijn goede vriend Don Basham, die ooit zei: 'Mijn maag vertelt me nooit wanneer ik moet eten; ik vertel mijn maag wanneer ze moet eten.' Daar gaat het om. Laat je lichaam niet de baas zijn. Onze lichaam is een prachtige creatie. Ieder van ons kan samen met David zeggen: *Ik ben ontzagwekkend wonderlijk gemaakt* (Psalm 139:14). Daarom moeten we ons lichaam nooit verachten. Het lichaam is niet slecht. Het is goed. Behandel het ook zo. Behoed het. Bescherm het. En wijd het toe aan het vervullen van je opdracht.

> *het lichaam is een prima dienaar, maar een angstaanjagende meester*

Gedisciplineerde reactie

Laten we nog iets nauwkeuriger kijken naar het voorbeeld van de atleet die traint om de wedstrijd te winnen. Zijn doel is om hoger te springen, sneller te zwemmen, harder te rennen, of te doen wat hij dan ook maar wil bereiken. Hoe doet hij dat? Hij legt zichzelf twee dingen op: oefening en discipline. We moeten deze twee dingen erkennen als essentiële onderdelen van ons leven als discipel van Jezus. Een atleet ontzegt zich alles wat een belemmering kan zijn voor het bereiken van zijn speciale doel. En hij versterkt alles wat helpt om dat te bereiken.

Vanaf het moment dat ik christen werd, heb ik deel uitgemaakt van de Pinksterbeweging. Maar de Pinksterbeweging had het probleem dat de mensen zo enthousiast raakten over de gaven van de Geest, dat ze niet langer aandacht gaven aan de noodzaak van de vrucht van de Geest en van geestelijke discipline. En gaven zijn geen vervanging voor vrucht.

Jezus zei: 'U zult hen herkennen aan hun vrucht' (Mattheüs 7:16). Niet aan hun gaven. Het is zelfs zo dat Jezus mensen terechtwees die wetteloos leefden en toch geestelijke gaven uitoefenden (zie de verzen 21-23). Zulke mensen zijn er ook in de wereld vandaag. Ze leven wetteloos, ze maken hun eigen regels, hun eigen normen, ze onderwerpen zich aan niemand, en toch oefenen ze geestelijke gaven uit.

Dit is mogelijk omdat God, als Hij een gave geeft, die nooit meer terugtrekt. De gaven zijn geen voorwaardelijke leningen. Het zijn echte gaven, en wij zijn verantwoordelijk voor hoe we ermee omgaan. We kunnen drie dingen doen: 1. We kunnen ze gebruiken zoals ze zijn bedoeld; 2. We kunnen falen ze te gebruiken en ze daardoor kwijt raken (niet doordat God de gave terugtrekt, maar we hebben er gewoon geen profijt van omdat we ze niet beoefenen); of 3. We kunnen ze misbruiken. Maar ze zijn nog steeds van ons, en we zijn God verantwoording schuldig voor wat we ermee doen.

We zijn weer teruggekomen bij het punt waar onze studie over heiligheid startte. Als ik mezelf apart zet om Gods wil te doen, dan leg ik mijn lichaam op het altaar. Wanneer ik mezelf daar als een levend offer op plaats, dan wordt mijn denken vernieuwd en ontdek ik de wil van God. Dan bepaal ik mijn doel. Ik disciplineer mijn hele wezen om Gods wil te doen. Met welk doel? Met het doel de Heer Jezus Christus te openbaren en te verheerlijken, degene die mij kiest, degene die mij heeft geheiligd, degene die mij zendt.

Wil jij Jezus openbaren? Wil jij Hem verheerlijken? Dat bereik je alleen op de manier waarop Jezus de Vader openbaarde en verheerlijkte. Je bereikt het door de wil van de Vader te ontdekken en te doen.

Ben je tevreden?

God sprak een aantal jaar geleden heel duidelijk tot me. Hij daagde me rechtstreeks uit. In mijn ontwikkeling als christen was ik tot op een zeker niveau gekomen en op dat punt vroeg Hij me: 'Ben je tevreden? Of wil je verder?' God vergeve me, maar weet je wat ik antwoordde? 'Heer *als ik nog verder kan*, dan wil ik verder!' Ik was immers een succesvolle Pinksterprediker! Ik had hem onzelfzuchtig gediend als zendeling en vele wonderen gezien. Ik weet zeker dat God al die dingen wel wist toen Hij me vroeg: 'Ben je tevreden? Of wil je verder?'

Eerlijk, ik schaam me dat mijn eerste gedachte was: Nou Heer, zou er nog meer kunnen zijn dan? Maar toen God me dat vroeg, antwoordde ik dus: 'Heer, als ik nog verder kan, dan wil ik verder.'

Toen antwoordde de Heer me heel duidelijk en zei: 'Er zijn twee voorwaarden. Om te beginnen is alle vooruitgang in het leven als christen door geloof. Als je niet bereid bent om vooruit te gaan *in geloof*, dan kun je überhaupt niet vooruit. Ten tweede, als je de bediening wilt uitoefenen die Ik voor je heb, dan heb je een sterk, gezond lichaam nodig. Maar je wordt nu te dik. Daar moet je iets aan doen.'

Dit was een heel accuraat en realistisch advies, en ik was dankbaar het te mogen ontvangen. Ik vermoed dat dit advies van mijn hemelse dokter mij in de daaropvolgende jaren veel geld bespaard heeft aan aardse doktersrekeningen. Het punt dat ik echter duidelijk wil maken, is dat God me liet zien dat mijn lichaam een integraal deel uitmaakte van zijn plan voor mijn leven. Als ik mijn lichaam niet in orde had, zoals Hij nu van me vroeg, dan zou ik zijn plan niet kunnen volbrengen.

Onthoud alsjeblieft dat hoewel je gemaakt geschapen bent als geest, ziel en lichaam, dit geen drie verschillende, afzonderlijke delen zijn, slechts losjes met elkaar verbonden. Je bent een eenheid. Het lichaam is het vat dat de geest en de ziel bevat. Eerder schreef ik dat God zegt: 'Geef mij het vat, en dan bezit ik de inhoud ook.' Probeer niet om Hem een geest of ziel aan te bieden zonder lichaam. Dat is niet waar Hij om vraagt. Hij wil jouw lichaam op zijn altaar. Verzorg je lichaam. Bewaar je lichaam. Disciplineer je lichaam. Wijd de delen van je lichaam aan Hem toe. Geef ze aan God over als instrumenten van gerechtigheid.

Bovennatuurlijke hulp

Ik wil je nu graag uitdagen. Lang geleden heb ik God beloofd dat ik nooit meer een 'godsdienstige lezing' zal houden, maar altijd een gelegenheid zal bieden aan mijn luisteraars en lezers, om te reageren op de boodschap die ik breng.

met Gods hulp ben je in staat om succesvol met de Heer te wandelen in heiligheid

Op dit moment is mijn uitdaging helder: Ben jij bereid om je lichaam aan te bieden als een levend offer?

Als jij positief wilt reageren op die uitdaging, dan is de beste stap om jezelf in gebed toe te wijden aan de Heer. Het volgende gebed zou je daarvoor kunnen gebruiken:

Vader, ik kom tot U in de naam van Jezus en geef mijzelf aan U. Ik plaats mezelf als een levend offer op uw altaar. Ik verklaar dat U heilig bent en dat er in het hele universum niemand is zoals u. U bent een heilig God, en ik buig voor U, ik erken uw totale rechtvaardigheid en heiligheid en uw absolute, exclusieve recht op mijn leven.

Vader, omdat u heilig bent, hebt U aan uw volk de opdracht gegeven om ook heilig te zijn. Ik erken nederig dat ik in mijn eigen kracht niet kan wandelen in heiligheid. Zelfs mijn beste pogingen en werken zijn niet voldoende. Dus ik geef mezelf volledig over aan uw genade en barmhartigheid.

Help mij Vader, om met U te wandelen in heiligheid en gehoorzaamheid, net zoals Jezus, uwe heilige Zoon deed. Geef mij door uw Heilige Geest de kracht om te leven op een manier die U welgevallig is. Vader, ik geef mijn hele leven nu aan U.

In Jezus' naam, amen.

Door dit gebed uit te spreken, heb je een zeer belangrijke stap gezet in het volledig volgen van de Heer, in een leven van heiligheid. Je zult dit gebed van tijd tot tijd opnieuw moeten bidden, omdat de eenvoudige waarheid is dat er een tijd zal komen waarin je het doel zult missen en tekort zult schieten.

Onthoud op zulke momenten dat onze God een liefhebbende Vader is, en dat Jezus, die weet wat het is om mens te zijn, zelfs nu voor ons pleit (zie Hebreeën 7:25). We hebben ook Jezus' verzekering dat onze helper, de Heilige Geest, ons zal leiden in alle waarheid (zie Johannes 16:13), ons altijd te binnen brengend wat Jezus heeft gedaan en onderwezen (zie Johannes 14:26).

Met die bovennatuurlijke hulp zul je in staat zijn om succesvol met de Heer te wandelen in heiligheid en gehoorzaamheid. Moge Hij je helpen in alles, en je bemoedigen met kracht, door de woorden die je gelezen hebt in dit boek. En dat Hij je mag zegenen en vervulling geven, terwijl jij jezelf heiligt en inzet voor Hem en zijn doelen.

OVER DE AUTEUR

Derek Prince (1915-2003) is in India geboren als enige zoon van Britse ouders. Hij studeerde Grieks en Latijn aan Eton College en de befaamde Cambridge Universiteit in Engeland. Na zijn afstuderen kreeg hij hier een leerstoel klassieke en moderne filosofie. In deze tijd was hij filosoof en zelfbenoemd agnost. Later studeerde hij ook Hebreeuws, Aramees en moderne talen aan de universiteit van Cambridge en die van Jeruzalem.

In militaire dienst (als gewetensbezwaarde diende hij in de Britse Medische troepen tijdens de Tweede Wereldoorlog), begon Derek de bijbel te bestuderen als filosofisch standaardwerk. Na een levensveranderende ontmoeting met Jezus Christus bekeerde hij zich en werd een aantal dagen later vervuld met de Heilige Geest. Na deze ervaring kwam hij tot twee fundamentele conclusies. Ten eerste: Jezus leeft. Ten tweede: de bijbel is een waar en relevant boek. Deze conclusies veranderden de koers van zijn leven voorgoed en hij wijdde zich toe aan het bestuderen en onderwijzen van de bijbel als het Woord van God.

Ontslagen uit het leger in Jeruzalem in 1945, trouwde hij met Lydia Christensen, oprichtster van een plaatselijk kindertehuis. Door dit huwelijk werd hij per direct vader van Lydia's acht geadopteerde dochters – zes Joodse, één Palestijns-Arabisch en één Engelse. Samen maakte het gezin de oprichting van de staat Israël in 1948 mee. In de late jaren vijftig adopteerden ze nog een negende dochter, toen Derek diende als rector van een opleidingsinstituut in Kenia.

In 1963 emigreerde het gezin naar de Verenigde Staten om een gemeente te leiden in Seattle. In 1973 werd Derek een van de medeoprichters van 'Intercessors for America'. Zijn boek 'Verander de geschiedenis door bidden en vasten' wees christenen wereldwijd op hun verantwoordelijkheid te bidden voor hun overheid. Velen zien de ondergrondse vertalingen van dit boek als een instrument dat meewerkte aan de val van de communistische regimes in Rusland, Oost-Duitsland en Tsjechoslowakije.

Lydia Prince stierf in 1975 en in 1978 hertrouwde Derek met Ruth Baker (een alleenstaande moeder met drie geadopteerde kinderen). Net als zijn eerste vrouw, ontmoette Derek Ruth in Jeruzalem. Na twintig jaar wereldwijd met Derek in de bediening te hebben gestaan, stierf Ruth in december 1998 in de stad van David, waar het echtpaar sinds 1981 woonde.

In 2003 overleed Derek Prince op 88-jarige leeftijd in zijn woonplaats Jeruzalem. Tot kort daarvoor volhardde Derek in de bediening waartoe God hem op een nacht in de woestijn van Soedan, tijdens zijn jaren in het leger, had geroepen; wereldwijd heeft Derek Prince Gods geopenbaarde waarheid uitgelegd, voor zieke en gebonden mensen gebeden en zijn profetische inzicht over wereldgebeurtenissen gedeeld in het licht van de bijbel. Internationaal wordt Derek Prince gezien als een toonaangevende bijbelleraar en geestelijk vader voor velen. Derek Prince Ministries is al meer dan zestig jaar actief en opereert inmiddels op zes continenten. De ruim vijftig boeken van zijn hand en 600 van zijn predikingen op CD en DVD worden vertaald en verspreid in meer dan 100 talen. Derek Prince was een pionier in baanbrekende thema's, zoals het verbreken van generatievloeken, het bijbelse belang van Israël, de structuur van de Kerk, de Heilige Geest en bevrijdingspastoraat. Ook zijn boek De Pijlers van het Christelijk Geloof is vormend geweest voor tienduizenden leiders wereldwijd.

Zijn gave om de bijbel op een heldere en eenvoudige manier uit te leggen helpt een fundament van geloof te bouwen in miljoenen gelovigen. Dereks interkerkelijke benadering maakt dat zijn onderwijs door mensen uit alle culturen en kerken wordt gewaardeerd. In 2002 verklaarde Derek: „Het is mijn verlangen – en ik geloof ook Gods verlangen – dat DPM het werk dat God zestig jaar geleden door mij heen is begonnen, zal voortzetten totdat Jezus terugkomt."

Derek Prince Ministries blijft Dereks bijbelonderwijs verspreiden en wereldwijd zendelingen, voorgangers en individuele gelovigen toerusten via ruim 40 werkstations over de hele wereld, waaronder de hoofdkantoren in Australië, Canada, China, Frankrijk, Duitsland, Nederland, Nieuw Zeeland, Noorwegen, Rusland, Zuid-Afrika, Zwitserland, Engeland en de Verenigde Staten. Vanuit DPM Nederland wordt het werk in tien Oost-Europese landen en België aangestuurd. Voor meer informatie over deze en andere contacten in de wereld, kijk op www.derekprince.nl

DEREK PRINCE MINISTRIES
OPBOUW VAN BINNENUIT !

Gratis onderwijsbrieven. Derek Prince Ministries stuurt vier keer per jaar richtinggevende, opbouwende onderwijsbrieven over allerlei bijbelse onderwerpen. Deze bijbelstudies kun je gratis ontvangen. Informeer ook naar de andere onderwijsmaterialen van DPM: boeken, audiocassettes en video's/dvd's en onze schriftelijke bijbelschool.

Correspondentieschool de Pijlers. Een systematische, diepgaande schriftelijke bijbelschool van ongeveer anderhalf jaar, voor een stevig fundament in Gods Woord. Thuis studeren in je eigen tempo, met begeleiding! Met als basis Derek Prince' klassieker 'De Pijlers van het christelijk geloof', doe je een cursus die je leven verandert, en die je in staat stelt en uitdaagt het geleerde in praktijk te brengen en over te dragen op anderen. Vraag de uitgebreide studiegids aan, of kijk op de website!

DPM Zending. De bediening van Derek Prince als bijbelleraar is in de afgelopen jaren uitgegroeid tot een wereldwijd werk, dat vooral de jonge, groeiende kerk in Rusland, China, India, Midden-Oosten, Oost-Europa en andere zendingsgebieden, tot zegen is. Via conferenties, bijbelscholen en literatuurverspreiding wordt het onderwijs verder gebracht.

Meer weten? Voor meer informatie over de DPM-materialen, het ontvangen van de gratis onderwijsbrief, of wil je meer weten over het zendingswerk van Derek Prince? Neem dan contact op:

DPM Nederland
Postbus 326
7100 AH Winterswijk
0251-255 044
www.derekprince.nl
info@derekprince.nl

ANDERE TITELS VAN DEREK PRINCE:

- Leer bidden
- Leven door geloof
- Leven in de laatste dagen
- Lucifer ontmaskerd
- Man & Vader
- Omwisseling aan het kruis, de
- Onbegrijpelijke liefde
- Ontmoeting in Jeruzalem(ook als luisterboek)
- Oordelen
- Overgave
- Overwinning over de dood
- Pijlers, van het christelijke geloof, de
- Psalmen, de (dagboek)
- Race uitlopen, de (onderwijsbrieven)
- Regeren met Christus (onderwijsbrieven)
- Roeping, Je
- Toekomst van Israël en de Kerk, de
- Van vloek naar zegen
- Vasten
- Vanwege de engelen (onderwijsbrieven)
- Verander de geschiedenis door bidden en vasten
- Verzoening, jouw ontmoeting met God
- Vijanden die tegenover ons staan
- Volg Mij! (onderwijsbrieven)
- Waar het hart vol van is
- Waarom God jou belangrijk vindt
- Wachters op de muur
- Wezen, weduwen, armen en verdrukten, Gods hart
- Wie is de Heilige Geest (onderwijsbrieven)
- Wonderen en tekenen
- Zegen of vloek, aan u de keus
- Zij zullen boze geesten uitdrijven
- Leren in de stilte (Dagboek + CD):
  1. Wandelen met God
  2. Luisteren naar God
  3. Veilig bij God
  4. De namen van God

Verkrijgbaar in de evangelische boekwinkel of bij DPM Nederland.Vraag ook de gratis catalogus: 0251-255044, info@derekprince.nl, www.derekprince.nl

9 789075 185782